AF275881

Wagner

Thomas Mann

Richard Wagner

casimiro

casimiro [*casimiroa edulis*]

En cubierta: Franz Hanfstaengl, *Richard Wagner*, retrato fotográfico de 1870

© Casimiro libros, Madrid, 2025
　　Todos los derechos reservados
　　www.casimirolibros.es

ISBN: 979-13-87675-05-9
Depósito legal: M-20133-2025

Impreso en España

RICHARD WAGNER

(LEIPZIG, 1813 - VENECIA, 1883)

retratado en 1871

## Sufrimiento y Grandeza de
# Richard Wagner

*Il y a là mes blâmes, mes éloges
et tout ce que j'ai dit.*

Maurice Barrès

Richard Wagner aparece ante mis ojos sufriente y grande como ese siglo diecinueve del cual es una expresión completa. Su rostro está marcado una y otra vez por toda la fuerza impulsora del siglo: así veo ese rostro. Y apenas si logro discernir qué es lo que amo más: si su obra, tan magníficamente ambigua y dominante, tan dominante como cualquier otra obra de arte, o su siglo, durante la mayor parte de cuyo transcurso vivió su vida inquieta, hostigada, atormentada, incomprendida, de poseído, que se cerró en un hechizo de fama mundial. Nosotros los hombres de hoy, absorbidos como estamos por tareas nunca vistas en cuanto a novedad y dificultad se refiere, carecemos de tiempo y tenemos muy escasos deseos de preocuparnos de esta época que se desvanece en pos de nosotros (la llamamos burguesa); a decir verdad, nuestra actitud con respecto al siglo diecinueve es la de los hijos hacia un padre: crítica, como es simplemente justo. Nos encogemos de hombros igualmente ante su fe –que era una fe en las ideas– y ante su falta de fe, esto es, su relativismo melancólico. Su liberal apego a la razón y al progreso nos parece ridículo, su materialismo demasiado basto, su solución monista del enigma del universo plena de superficial complacencia. Y, con todo, el orgullo que le era inspirado por la ciencia, superado por su pesimismo, por su musical unidad con la noche y la muerte, ha de parecernos probablemente su rasgo más característico. Pese a lo cual, otra característica, que no carece de relación con la anterior, es su obstinado apego al mero grandor, su gesto por lo monumental y lo clásico, por lo copioso y lo grandioso... esto, por lo demás, cosa extraña, unido a una pasión por lo muy pequeño y minúsculo, por el detalle espiritual, por así decirlo. Sí: una grandeza de un tipo doloroso y sombrío, a un tiempo escéptica y amargamente consciente de la verdad, apareado esto con una capacidad de aferrar al vuelo la belleza fugaz y esquiva, tal es su esencia y señal inequívoca. Su monumento debiera ser una estatua semejante a la de Atlas, que evocaría los músculos estirados y laxos de Miguel Ángel. En aquellos tiempos, fueron soportadas cargas gigantescas... cargas épicas, en el sentido pleno de esa poderosa palabra; y por eso, no sólo se debe pensar en Balzac y en Tolstoi, sino también en Wagner. Cuando este último le mandó en 1851 a su amigo Liszt una carta que contenía el plan formal de *El anillo de los Nibelungos*, Liszt contestó desde Weimar: "Siga adelante con su obra y trabaje en ella sin hacer caso de nadie: es una obra que le recuerda a uno la historia del Capítulo de la Catedral de Sevilla, cuyo arquitecto recibió estas instrucciones: 'Constrúyanos un templo tal que las generaciones futuras consideren una locura el haber emprendido algo tan extraordinario'. Y, sin embargo... ahí está la Catedral". Esto es siglo diecinueve típico.

El jardín encantado del impresionismo francés, la novela inglesa, francesa y rusa, la ciencia alemana, la música alemana... no, esa época no fue tan mala. En realidad, contemplándola retrospectivamente, puede decirse que fue una perfecta selva de gigantes. Y recién ahora, cuando miramos hacia atrás, logramos distinguir a la distancia el aire de familia entre todos ellos: la marca que les impuso su época pese a su múltiple grandeza. Zola y Wagner, los *Rougon-Macquart* y *El Anillo de los Nibelungos*... cincuenta años antes, nadie habría pensado en clasificar a esas obras o a sus creadores en un solo grupo. Sin embargo, les corresponde estar juntos. El parentesco de su espíritu, de sus objetivos y métodos es sorprendente. El mismo no sólo reside en su ambición de tamaño, en su propensión a lo grandioso y lo pródigo; tampoco es solamente el *leitmotiv* homérico lo que les es común: es, primero y antes que nada, un género especial de naturalismo, que evoluciona hasta lo mítico. ¿Por qué? ¿Quién le negaría una tendencia mítica a la épica de Zola, donde los propios personajes se elevan hasta un plano superior al cotidiano? ¿Y no es acaso símbolo y mito Naná, esa Astarté del segundo imperio? Naná fue otro nombre de la babilónica Ishtar. ¿Lo sabía Zola? Tanto más destacable y significativo el hecho si lo ignoraba.

También Tolstoi tiene la misma fecundidad naturalista, la misma amplitud democrática. También él tiene el *leitmotiv*, la costumbre de citarse a sí mismo, las frases inmutables para describir a sus personajes. Ha sido criticado con frecuencia por su inexorable negativa a complacer al lector, por su deliberado y espléndido largo aliento. Y Nietzsche dice de Wagner que es, a no dudarlo, el más descortés de todos los genios: se limita a repetirle a su oyente la misma cosa hasta que, desesperado, éste se ve obligado a creerle. Todo esto denota parentesco. Pero hay un parentesco más hondo: el elemento social-ético; porque nada significa el que Wagner viera en el arte un sagrado arcano, un remedio general contra la corrupción de la sociedad en general, en tanto que Tolstoi, hacia el final de su vida, consideró al arte un lujo que debía ser repudiado. Porque, considerándolo como un lujo, también Wagner repudiaba al arte. Purificar el arte y conservarlo sagrado en bien de una sociedad corrompida, tal era su objetivo. Era decidido partidario de la catarsis y la purificación y soñaba con santificar a la sociedad con recursos de elevación estética y con liberarla de su voracidad de oro, lujo y toda impiedad: de ahí que su ética social estuviese estrechamente emparentada con la del épico escritor ruso. Y hay, también, una semejanza en sus destinos; porque los críticos han visto en ambos una dualidad de temperamentos que separaba sus caracteres de sus convicciones y llevaba a algo así como un colapso moral. Si muchos han creído que Tolstoi, en su vejez, había caído en una suerte de locura religiosa, esto era tan sólo porque no advirtieron que el Tolstoi del último período se hallaba implícito en su vida anterior, porque olvidaron o no percibieron que el Tolstoi del último período preexistió en personajes tales como Pedro Besuchov en *Guerra y paz* y como Levin en *Ana Karenina*. Y, análogamente, cuando Nietzsche afirma que, hacia el fin, Wagner era un hombre destrozado que se derrumbó al pie de la cruz, pasa por alto o pretende que otros pasen por alto el hecho de que la atmósfera emocional del *Tannhaüser* anticipa la del *Parsifal* y que esta última es la síntesis final, espléndida, lógica de una obra de toda la vida fundamentalmente romántica y cristiana. La última obra de Wagner es la más teatral de todas las suyas y no sería fácil hallar una carrera de artista más consecuente que la suya. Un arte esencialmente sensorial, basado en fórmulas simbólicas (porque el *leitmotiv* es una fórmula, más aun, es una custodia: reivindica una autoridad casi religiosa), debe retrotraer a una celebración religiosa; y, a decir verdad, creo que el secreto anhelo y la ambición última de todo teatro es regresar al seno del ritual del que surgió, tanto en el mundo pagano como en el cristiano. El arte del teatro es en sí mismo ya barroco, es el catolicismo, es la Iglesia: y un artista como Wagner, acostumbrado a manejar símbolos y elevar la hostia, debió terminar por sentirse algo así como un hermano de los sacerdotes; en realidad, como un sacerdote él mismo.

He pensado a menudo en la semejanza entre Wagner e Ibsen y me ha parecido difícil discernir qué parte de la misma se debe simplemente al hecho de que son contemporáneos y qué parte se debe a rasgos personales más íntimos. Me ha sido imposible no reconocer en el drama social de Ibsen medio y efectos, fascinaciones y ardides que ya me eran familiares por haberlos percibido en el mundo del sonido del otro artista. No se trataba de determinar su grandeza como común denominador, sino del hecho mismo de que había una semejanza en su manera de ser grandes. ¡Cuánto tienen ambos en común, en su poderosa determinación, en su modulación hacia las esferas! ¡Ambos infatigables en su poderosa actividad juvenil como revolucionarios sociales, ambos únicos para llevar la obra de su vida a una consumación en lo mítico y majestuoso! *Al despertar de nuestra muerte*, la terrible y susurrada confesión del artista creador que deplora su tardía –harto tardía– declaración de amor a la vida, y *Parsifal*, ese oratorio de redención... ¡Qué acostumbrado estoy a pensar juntos, a sentir como uno solo, estos dos misterios dramáticos de despedida, estas postreras palabras ante el eterno silencio! Ambas son culminaciones apocalípticas, majestuosas en su esclerótica languidez, en el mecánico rigor de su técnica, en su tono general de crítica de la vida y de liquidación de cuentas, en su hábito de citarse a sí mismos, en su sabor a muerte.

Lo que acostumbrábamos a llamar *fin-de-siècle*, ¿qué era sino una lamentable sátira de una época menor, comparada con la auténtica y espantosa agonía cuyo canto del cisne fue la última palabra de estos dos grandes magos? Porque ambos fueron dos magos del Norte, dos viejos y hábiles hechiceros, profundamente versados en todas las artes de la insinuación y la fascinación típicas de su diabólica maestría: grandes en la invención de efectos, en el culto del detalle, en toda suerte de sentidos equívocos y significados simbólicos, en la explotación de la fantasía, en la poetización de lo intelectual. Eran músicos por añadidura, como lo son por naturaleza los hombres del Norte. No sólo aquél de ambos que necesitaba la música para su expresión y emprendió su conquista, sino también el otro, Ibsen, aun cuando sólo lo fuera en secreto o como un impulso para el uso de las palabras.

Pero lo que torna desconcertante la semejanza entre ambos es la forma como sometieron una forma de arte que, en ambos casos, estaba más bien en decadencia, a un no soñado proceso de purificación. En el caso de Wagner la forma fue la ópera, en el de Ibsen el drama social. Goethe dice: "Todo lo que es perfecto en su género debe ir más allá de este género, debe ser alguna otra cosa, algo incomparable. En ciertos tonos, el ruiseñor es aún pájaro: en otros, supera a su especie y parece querer mostrarle a todo otro ser con plumas cómo es el verdadero canto". En este sentido, precisamente, hicieron algo completo de la ópera y del drama social: hicieron de ellos algo distinto, incomparable. El resto de la comparación de Goethe con el ruiseñor suena también a cosa cierta; en ocasiones, a veces hasta en *Parsifal*, encontramos mera ópera en Wagner; en ocasiones, el chirrido de la técnica de Dumas es perceptible en el caso de Ibsen. Pero ambos son creadores en el sentido del perfeccionamiento y la terminación: ambos tienen en común la circunstancia de haber tomado lo aceptado y haber hecho de ello algo nuevo, algo no soñado.

¿Qué es lo que eleva intelectualmente a la obra de Wagner tan por encima de todos los dramas musicales anteriores? Contribuyen a ello dos fuerzas, fuerzas y dones del genio, que son consideradas por lo general como contrarias. Indudablemente, el momento actual halla especial placer en afirmar la incompatibilidad esencial de ambas. Me refiero a la psicología y a la mitología. En verdad, la psicología parece demasiado racional para admitir que la consideremos otra cosa que un obstáculo en el camino hacia el país de la mitología. Y pasa por ser asimismo la antítesis de lo mítico y lo musical, aun cuando, precisamente, este complejo de psicología, mitología y música se nos aparece como una realidad orgánica en dos grandes casos: Nietzsche y Wagner.

Se podría escribir un libro sobre Wagner como psicólogo, sobre su idiosincrasia psicológica como músico y también como poeta, en tanto en cuanto ambos deben ser separados en él. La técnica del tema recordatorio había sido usada ya de manera ocasional en óperas anteriores, pero aquí fue convertida gradualmente, por el más profundo de los virtuosismos, en un recurso que hizo de la música, más que nunca, el instrumento de la alusión psicológica, de la asociación, del énfasis. El modo como trata Wagner el tema de la poción amorosa, que es en su origen simplemente la idea épica de una bebida mágica, es la creación de un gran psicólogo. Porque, en realidad, lo que beben los amantes podría ser lo mismo agua pura. Es tan sólo su creencia de que han bebido la muerte, lo que libera sus almas de la coacción moral de su tiempo. Desde el principio mismo, la poesía de Wagner va más allá del libreto usual, aun cuando no tanto en el lenguaje como, precisamente, en el elemento psicológico. "La sombría llama", canta el holandés en el hermoso dúo con Senta del segundo acto:

"La sombría llama que siento arder dentro de mí...
¿Debo creer, desventurado de mí, que es anhelo de amor?
¡Oh, no! Es la salvación lo que ansío...
¡Si pudiera un ángel semejante venir a salvar mi alma!"

Los versos son cantables: pero jamás se había cantado o escrito para cantar hasta ahora un pensamiento tan complejo, un sentimiento tan indirecto. El hombre condenado ama a esa doncella a primera vista: pero se dice a sí mismo que ese amor no va dirigido hacia ella, sino hacia la redención y liberación. Senta, por otra parte, se yergue ante él como la materialización de una posible salvación. Y, por eso, el pobre hombre no logra distinguir entre su ansia de redención y su pasión por ella, ni tampoco desea hacerlo. Porque su esperanza ha cobrado la forma de Senta y ya no puede desear siquiera otra por más tiempo. Ama a la redención en esa doncella. ¡Qué entretejerse de alternativas hay en esto, qué ojeada dentro de los dolorosos abismos de la emoción! Esto es análisis. Y la palabra cobra un sentido más audaz y moderno aun cuando pensamos en el joven Sigfrido y en la forma como Wagner vitaliza en sus versos, contra el significativo telón de fondo de la música, la germinación primaveral, el florecer y madurar de esa joven vida y del amor. Es un fértil complejo, que brilla desde lo inconsciente, de fijación materna, de deseo sexual y de miedo: el miedo del mito que tanto deseaba sentir Sigfrido; un complejo que exhibe a Wagner el psicólogo en acuerdo notablemente intuitivo con otro hijo típico del siglo diecinueve, el psicoanalista Segismundo Freud.

Cuando Sigfrido sueña bajo el tilo y la idea materna fluye hacia lo erótico, cuando Mime trata de enseñarle a su discípulo la naturaleza del miedo, mientras la orquesta presenta en forma sombría y lejana el tema de Brunilda dormida y rodeada por las llamas, todo esto es Freud, todo esto es análisis y no otra cosa. Y debemos tener en cuenta que Freud, cuya profunda investigación de las raíces y profundidades del pensamiento ha sido anticipada en sus líneas generales por Nietzsche, revela por lo mítico, lo precultural y lo primitivo un interés estrechamente asociado con lo psicológico.

" El amor en su realidad más plena –dice Wagner– es sólo posible dentro del sexo: tan sólo como hombre y mujer pueden amar en forma auténtica los seres humanos, todos los demás amores son derivados, ya sea por referencia a aquél o por estar artificialmente modelados sobre el mismo. Pero es falso pensar en este amor (el sexual) como si fuese la sola manifestación del amor en general, debiéndose presumir, además, otras y quizás más altas manifestaciones". Esta reducción de todo amor a lo sexual tiene un inconfundible carácter psicoanalítico. Revela el mismo naturalismo psicológico de la fórmula metafísica de Schopenhauer del "foco de la voluntad" y de las teorías culturales de Freud y su teoría de la purificación. Es auténtico siglo diecinueve.

El erótico complejo materno reaparece en *Parsifal*, en la escena de seducción del segundo acto y aquí llegamos a Kundry, la creación más audaz y poderosamente poética de todas las figuras de Wagner, que advertía, es lo probable, cuán extraordinaria era Kundry. El punto de partida inicial de Wagner no fue Kundry sino las emociones propias del Viernes Santo; pero, gradualmente, sus ideas cobraron forma cada vez más en torno de aquélla y la concepción decisiva de la personalidad dual, el pensamiento de identificar al salvaje *Gralsbotin* (enviado del Graal) con la falaz tentadora, proporcionó la inspiración final y descubre las profundidades secretas de la fascinación que lo arrastró a tan extraña empresa.

" Desde que me sucedió esto –escribe Wagner– casi todo lo relativo al material se ha tornado claro". Y luego: "Particularmente, veo en forma cada vez más vivida y apremiante una creación extraña, una maravillosa mujer mundana-demoníaca (el *Gralsbotin*). Si logro terminar esta obra, será algo en alto grado original". Original: una palabra atenuada y modesta hasta un extremo emocionante para el resultado que en realidad obtuvo. Las heroínas de Wagner están generalmente marcadas por un rasgo de elevada histeria: tienen algo de las sonámbulas, tienen un éxtasis y un poder de profecía que otorga una extraña y misteriosa modernidad a su romántico heroísmo. Pero la propia Kundry, la Rosa del Infierno, es en forma definida una pieza de patología mística: su dualidad torturada y frenética, ora como *instrumentum diaboli*, ora como penitente que busca salvación, es pintada con clínica crueldad y realismo, con una audacia naturalista de percepción y descripción en el dominio morboso que siempre me pareció el límite máximo de la sabiduría y maestría. Y Kundry no es el único personaje de *Parsifal* de este tipo exagerado de mentalidad. El borrador de esta última obra de Wagner dice de Klingsor, que es el demonio del pecado oculto, la impotencia exasperada contra el mal... y aquí, nos vemos transportados a un mundo cristiano que descubre estados de ánimo recónditos e infernales... En suma, al mundo de Dostoïevski.

Nuestro segundo fenómeno es Wagner como mitólogo, como descubridor del mito a los fines de la ópera, como salvador de la ópera por medio del mito. Y, en verdad, Wagner no tiene rival para la afinidad espiritual con este mundo imaginado del pensamiento ni tampoco en su capacidad de invocar y reanimar el mito. Al abandonar la ópera histórica por el mito, se encontró a sí mismo, y al escucharlo, uno está dispuesto a creer que la música sólo fue creada para servir a la mitología y no pudo tener otra misión. Ya sea como mensajero de una esfera más pura, enviado en ayuda de la inocencia y que luego, ¡ay!, desde que la fe resulta inconstante, se retira por donde vino, o bien como ciencia, hablada y cantada, del principio y fin del mundo, una suerte de filosofía de cuento de hadas cosmogónico, en todo esto, el espíritu del mito, su esencia clave, están impregnados de cierta certidumbre, de una intuición electiva: su lenguaje mismo es hablado con un dominio de nativo que no tiene igual en arte alguno. Es el lenguaje de "hubo en un tiempo" en el doble sentido de "como fueron siempre todas las cosas" y de "como lo serán siempre": la densidad de la atmósfera mitológica, como en la escena con las Nornes, en el comienzo del *Götterdämmerung*, cuando las tres hijas de Erda se entregan con aire solemne a un chismorreo sobre el estado del mundo o bien cuando aparece la propia Erda en *El oro del Rhin* o en *Sigfrido*, es insuperable. Los subyugantes acentos de la música que se ha llevado el cadáver de Sigfrido no se refieren ya al joven de las selvas que se puso en marcha para aprender lo que era el miedo: le explican a nuestro sentimiento lo que está ocurriendo realmente allí, detrás de los velos de la niebla. El propio héroe-sol yace en su féretro, herido por la pálida tiniebla y la sugestiva palabra acude en ayuda de nuestras emociones: "la furia de un jabalí", dice, y "él es el maldito jabalí –dice Gunther, señalando a Hagen– que despedazó la carne de este noble joven". Se abre una perspectiva que nos retrotrae a nuestros ensueños primeros y más primitivos. Tammuz, Adonis, a quien matara el jabalí, Osiris, Dionisio, los despedazados, que deben volver como el Crucificado, cuyo flanco deberá perforar una lanza romana para que los hombres puedan reconocerlo... todo lo que fue y siempre es, el mundo todo de la belleza asesinada y martirizada circunda esta mítica contemplación; y, por eso, no permiten afirmar que el creador de Sigfrido fuese infiel a sí mismo por medio de *Parsifal*.

Mi pasión por el hechizo wagneriano ha acompañado toda mi vida; en realidad, comenzó apenas lo conocí y comencé a hacerlo mío y a sondearlo con mi comprensión. No puedo olvidar todo el deleite y enseñanza que le debo: las horas de profunda y solitaria bienaventuranza en medio de las muchedumbres de los teatros, las horas de éxtasis y embeleso nervioso e intelectual, de atisbos en cosas de una importancia tal como sólo este arte puede otorgarla. Mi fervor jamás se cansa, jamás se sacia, observando, escuchando, admirando... no sin recelos, lo confieso. Pero las dudas y objeciones le hacen a mi celo tan escaso daño como se lo hizo la inmortal crítica de Nietzsche, que me ha parecido siempre un panegírico erróneamente rotulado, algo así como otro género de glorificación. Es amor en el odio, es autoflagelación. El arte de Wagner fue el gran amor de la vida de Nietzsche. Lo amaba como Baudelaire, el poeta de *Las Flores del Mal*, de quien se dice que, en su agonía, con su parálisis y el cerebro enturbiado de sus últimos días, sonrió con placer al oír el nombre de Wagner: "il a souri d'allégresse". Así, Nietzsche, en la noche de la parálisis que se lo tragó, solía escuchar el sonido de ese nombre y decir: "He querido muchísimo a ese hombre". También lo odiaba muchísimo, por razones intelectuales, culturales, éticas... que no serán mencionadas aquí. Pero, a decir verdad, me extrañaría que yo fuese el único para quien la polémica de Nietzsche contra Wagner acrecienta el entusiasmo por el compositor más bien que mermarlo.

Lo que nunca acepté o, más bien, lo que siempre me ha dejado frío, ha sido la teoría de Wagner. Me cuesta creer que alguien la haya tomado en serio nunca. ¿Qué tenía yo de común con toda esa mezcla de música, de palabras, pintura, gesto, que se proclama el único arte verdadero y el cumplimiento de todo anhelo artístico? ¿Una teoría del arte que obligaría al Tasso a cederle terreno al *Sigfrido*? Me ha resultado muy poco admisible esta derivación de las artes individuales, de la desintegración de una unidad teatral original a la cual todos ellos deberían hallar felizmente el camino del regreso. El arte es entero y completo en cada una de sus formas y manifestaciones; no necesitamos conjuntar las distintas especies para formar un todo. Pensar así implica un *mal* siglo diecinueve, un modo de pensar defectuoso y mecanicista: y la triunfante realización de Wagner no justifica su teoría, sino que se justifica tan sólo a sí misma. Ella vive y vivirá por mucho tiempo, pero el arte la sobrevivirá en las artes y hará avanzar a la humanidad por medio de éstas, como lo ha hecho siempre. Sería infantilmente bárbaro el suponer que la influencia del arte sobre nosotros es más profunda o elevada merced al acrecentado volumen de su ataque contra nuestros sentidos.

Wagner, como apasionado hombre de teatro –cabría llamarlo un teatromaníaco– se inclinaba a esta opinión, dado que el primer desiderátum del arte le parecía ser la más inmediata y completa comunicación a los sentidos de todo lo que pudiera ser dicho. Y es bastante extraño el ver, en el caso de su obra principal, *El anillo de los Nibelungos*, cuál fue el efecto de esta despiadada exigencia suya al drama, que fue a fin de cuentas, el punto de partida de todo su esfuerzo y cuya ley fundamental le pareció ser precisamente este absoluto y amplio llamado a los sentidos. Sabemos la historia de cómo se escribió esta obra. Wagner estaba trabajando sobre su boceto dramático de la muerte de Sigfrido; él mismo nos dice que le resultó intolerable tener tanta parte del asunto ubicada antes del comienzo de la obra, y que debía ser entretejida luego al avanzar el desarrollo de la misma. Sintió una abrumadora necesidad de llevar esa historia anterior a la esfera de su llamado a los sentidos y por eso comenzó a escribir hacia atrás: primero *Sigfrido*, luego la *Walkyria*, luego el *Oro del Rhin*. Asimismo, no descansó hasta reducir el pasado al presente y llevarlo todo a escena: en cuatro noches, trasladó todo lo contenido en la primitiva célula, los comienzos primitivos, el inicial mi mayor del fagot bajo, con lo cual se puso entonces solemne y casi silenciosamente a trabajar con tesón. El resultado fue algo magnífico y podemos comprender el entusiasmo de su creador dado el éxito de un plan tan colosal, tan rico en nuevas y profundas posibilidades de efectividad. Pero..., ¿cuál fue, en realidad, este resultado? La estética ha repudiado el drama compuesto como forma de arte. Grillparzer, por ejemplo, así lo hizo. Consideró que la relación de cada parte con la otra daba por resultado el otorgarle un carácter épico al todo, con lo cual, sin duda, ganaba en sublimidad. Pero es precisamente esto lo que condiciona la eficacia de *El Anillo de los Nibelungos* y la naturaleza de su grandeza: la obra maestra de Wagner debe su sublimidad al espíritu épico y lo épico es la esfera de donde extrae su material. *El Anillo de los Nibelungos* es una epopeya escénica: su fuente es la aversión a las historias previas que frecuentaban el escenario: aversión no compartida, como sabemos, por el drama clásico ni por el francés. Ibsen está mucho más cerca de la escena clásica, con su técnica analítica y su destreza en el desarrollo de historias o relatos previos. Es divertido pensar que fue precisamente la teoría de Wagner del llamado del drama a los sentidos lo que reveló en él en forma tan maravillosa la vena épica.

Su relación con las artes individuales, con que creó su "obra de arte compuesta", es algo en que vale la pena de detenerse. Hay algo de característico del *dilettante* en ello. Como dice Nietzsche en su obra *Pensamientos intempestivos* (*Unzeitgemässe Betrachtungen*) sobre la infancia y juventud de Wagner, admirativa aún: "Su juventud es la de un *dilettante* múltiple, del cual no resultará gran cosa. No poseía una tradición familiar artística rigurosa que le creara un marco. La pintura, la poesía, la interpretación teatral, la música, vinieron a él con tanta naturalidad como una carrera académica: el observador superficial podía creerlo un *dilettante* nato. En realidad, no sólo el observador superficial sino aun el admirativo y apasionado podrían muy bien decir, con riesgo de ser incomprendidos, que el arte de Wagner es *dilettantismo*, monumentalizado y elevado a la esfera del genio por su inteligencia y su enorme fuerza de voluntad. Hay algo propio de un *dilettante* en la idea misma de una fusión de todas las artes: esto nunca habría llegado más allá del *dilettantismo* de no haber estado implacablemente subordinado a su vasto genio para la expresión. Hay algo de sospechoso en la relación de Wagner con las artes, algo de noestético, por estúpido que esto pueda parecer. Italia, las artes plásticas y gráficas, lo dejaban frío. Le escribe a Frau Wesendonk, a Roma: "Véalo todo por mí, también necesito que alguien lo haga por mí... Tengo mi propia manera de reacciones ante esas cosas, como lo he descubierto una y otra vez y finalmente en forma muy concluyente cuando estuve en Italia. Durante algún tiempo, me siento vívidamente impresionado por alguna experiencia visual significativa, pero... ello no dura. Parece como si no me bastara con usar mis ojos para comprender el mundo".

Esto es perfectamente comprensible. Porque Wagner es un auditivo, un músico y un poeta; pero, con todo, es extraño que pueda escribirle desde París a la misma destinataria: "¡Cómo se revela el niño en Rafael y la pintura! Todo es muy bonito, muy dulce y consolador: pero no me emociona. Sigo siendo el vándalo que, durante todo un año pasado en París, jamás fue a visitar el Louvre. ¿Acaso eso no lo dice todo?". No todo, pero, al fin de cuentas, dice algo, y ese algo es extrañamente significativo. La pintura es un gran arte, tan grande como la obra de arte compuesta. Existió antes que la obra de arte compuesta y continúa existiendo..., pero esto no lo impresiona a Wagner. ¡Tendría que ser menos grande de lo que es para que pudiera llegarle al alma el arte de la pintura! Porque ni como pasado ni como presente vivo tiene nada que decirle la pintura. La gran escuela impresionista francesa se desarrolló a su lado, por así decirlo... y apenas si la vio: nada tenía de común aquella con él. Sus relaciones con la misma se limitaron al hecho de que Renoir pintó su retrato: un retrato no muy halagüeño... y que probablemente no le interesó gran cosa. Pero su actitud ante la poesía fue necesariamente bien distinta. Durante toda su vida, ésta le dio infinitas riquezas; más que nada Shakespeare: aun cuando habla con algo así como condescendiente simpatía de los "escritores de literatura", en defensa de la teoría con la cual glorifica sus propias fuerzas. Pero eso no importa; Wagner ha aportado una vigorosa contribución a la poesía, ésta se ha enriquecido mucho con su obra..., teniendo en cuenta siempre que no debe ser leída, que la poesía no es en realidad versos escritos sino que, por así decirlo, debe ser complementada por la música, el gesto, la pintura: y que sólo existe como poesía cuando todas estas obran conjuntamente. Desde el punto de vista del mero lenguaje, su obra es a menudo ampulosa, barroca, hasta infantil; tiene algo de majestuoso y soberanamente absurdo. Junto a pasajes tales de genio absoluto, de fuerza, de síntesis, de primitiva belleza, que eliminan toda duda, aunque jamás nos hacen olvidar que tenemos ahí imágenes que no están ubicadas dentro de la estructura cultural de nuestra gran literatura y poesía europeas, sino que se hallan separadas de la misma, teniendo más bien el carácter de acotaciones para una representación teatral que, entre otras cosas, necesita un texto. Entre estas joyas de lenguaje diseminadas en la obra del audaz dilettante, pienso más que nada en *El Anillo* y en *Lohengrin*; esta última, desde un punto de vista puramente literario, quizás sea la más pura, la más noble y hermosa de las obras de Wagner.

Su genio reside en una síntesis dramática de las artes que, tan sólo como un todo, precisamente como una síntesis, responde a nuestra concepción de una legítima y auténtica obra de arte. Las partes componentes –aun en la música, como tal, no considerada como parte de un todo– alientan algo irregular, crecido en exceso, que sólo desaparece cuando se funden en el noble todo. La relación de Wagner con su lenguaje no es la de nuestros grandes poetas y escritores, le faltan el rigor y la escrupulosidad exhibidos por los que hallan en las palabras el más alto bien y el instrumento de arte más digno de confianza. Esto es probado por sus ocasionales poemas: las azucaradas y románticas adulaciones de Ludovico II de Baviera, las triviales y festivas rimas dirigidas a ayudantes y amigos. Un único y desaliñado verso de Goethe es oro puro –y pura literatura– si se lo compara con estas trivialidades versificadas y estas cordiales bromas masculinas, ante las cuales sólo nuestra admiración por Wagner puede hacernos sonreír en forma bastante pesarosa. Atengámonos a la prosa de Wagner, a los manifiestos y auto-exposiciones sobre temas estéticos y culturales. Hay ensayos de sorprendente inteligencia, pero que no pueden ser comparados, como realizaciones literarias e intelectuales, con las obras de Schiller sobre filosofía del arte, como, por ejemplo, el inmortal ensayo sobre *Poesía Sentimental e Ingenua*. Son difíciles de leer, su estilo es a un tiempo rígido y confuso, también en ellos hay algo de excesivo, de extraño, de propio del dilettante: no pertenecen a la esfera de la gran prosa alemana y europea, no son la obra de un escritor nato, sino el fruto casual de alguna necesidad. Tratándose de Wagner, toda cosa separada, individual, era siempre así, fruto de la necesidad. Wagner es sólo feliz, ferviente, completo, legítimo y grande en la masa.

¿Fué también su capacidad musical solamente el fruto de las exigencias que le planteó todo aquel producto abrumador, solamente el resultado de la fuerza de voluntad? Nietzsche dice en alguna parte que el llamado "don" no puede ser lo esencial en el genio. "Por ejemplo –exclama– ¡qué escaso don el que poseía Richard Wagner! ¿Hubo alguna vez músico más pobre de lo que lo fue él a los veintiocho años?". Y es indudable que los principios musicales de Wagner fueron tímidos, inciertos y parciales y ocupan en su vida un lugar muy posterior al habitual. El propio Wagner dice: "Recuerdo aún cómo me preguntaba a mí mismo, al frisar en los treinta años, si poseía el instrumento necesario para crearme una personalidad artística de alta jerarquía. Podía identificar aún en mi obra una tendencia a la imitación y contemplaba el porvenir con mucha preocupación por mi desarrollo como creador original independiente". Esto es una mirada retrospectiva, escrita siendo ya maestro, en 1862. Pero tan sólo tres años antes, en Lucerna, a los cuarenta y seis, había días en que Wagner era sencillamente incapaz de seguir adelante con su *Tristán* escribiéndole a Liszt: "No encuentro palabras lo bastante fuertes para expresarle cuán lamentable me parezco a mí mismo como músico. En el fondo de mi corazón, me siento un perfecto novato. Debiera usted verme sentado ahí, pensando: "Es *necesario* que esto marche", para ir luego al piano a desenterrar alguna hojarasca inservible y a desecharla de inmediato. Imagínese mis sentimientos, mi íntima convicción sobre mi absoluta incapacidad musical. ¡Y entonces, lo veo a usted, que rezuma música por todos sus poros, arroyos y torrentes y cascadas de música, y tengo que escuchar lo que usted dice de mí! Cuesta mucho no creer que es mera ironía. Querido amigo, esto es asunto bien simple y créame que yo no soy gran cosa". Se trata evidentemente de una depresión nerviosa de Wagner, inadecuada en todas sus palabras y doblemente absurda por la dirección que ha tomado. Liszt la contesta como corresponde. Le reprocha a Wagner su "frenética injusticia para consigo mismo". Todo artista conoce su repentina vergüenza, experimentada al verse frente a alguna realización maestra. Porque el ejercicio de un arte implica siempre, en todos los casos, una nueva y muy cuidadosa adaptación de lo personal e individual al arte en general; por eso, un hombre, hasta después de haberse reconocido sus afortunadas realizaciones, puede comparar súbitamente éstas con la labor de los demás y preguntarse: "¿Es posible mencionar mi propio plan o creación al mismo tiempo que esas cosas?". Aun así, un grado tal de autodesdén depresivo, semejantes escrúpulos frente a la música en un hombre que se halla en la mitad del tercer acto del *Tristán*, todo eso ofrece algo de extraño, algo psicológicamente notable. ¡En verdad, Wagner ha pagado una no escasa y desalentada autohumillación al dictatorial engreimiento de sus últimos tiempos, en que ha publicado en los periódicos de Bayreuth tantas expresiones de desdén y condenación de lo hermoso que hay en Mendelssohn, Schumann, Brahms, para mayor gloria de su propio arte! ¿Cuál ha sido la causa de estos accesos de desfallecimiento? Podían provenir tan sólo del error que cometía en semejantes momentos: el de aislar su maestría musical y compararla luego así con lo mejor, en tanto que sólo debía ser considerada *sub specie* de toda su producción creadora y viceversa; a este error, se debió toda la enconada oposición que su música debió vencer. A nosotros, que le debemos a este maravilloso mundo del sonido, a esta hechicería intelectual, tanta bienaventuranza y tanto deleite, tanto asombro ante el espectáculo de su titánico talento creado por sí mismo, nos cuesta trabajo comprender la oposición y el rechazo. Las expresiones que fueron usadas contra la música de Wagner, tales como 'fría", "algebraica", "informe", nos parecen de una incomprensión chocante y faltas de visión, carentes de receptividad, de una pétrea pobreza de entendimiento que nos inclina a pensar que sólo podían provenir de esferas filisteas, abandonadas igualmente por Dios y por la música. Pero no es así. Muchos de los que así juzgaban, de los que se veían compelidos a juzgar así, no eran filisteos, eran espíritus artistas, músicos y enamorados de la música, que llevaban en el alma el interés por ésta y podían afirmar con justicia que sabían distinguir entre lo musical y lo no musical. Y concluyeron que la música de Wagner no era música. Su opinión ha sido completamente desechada, ha sufrido una derrota en masa. Pero, aun cuando haya sido falsa, ¿ha sido también inexcusable? La música de Wagner no es música, en el mismo grado en que su elemento dramático fundamental (que se une con ella para formar un arte creador), no es literatura. Es psicología, simbolismo, mitología, énfasis, todo..., todo menos música en el sentido puro y acabado que tenían en vista aquellos desconcertados críticos. El texto en torno del cual se enrosca, completando su contenido dramático, no es literatura... ¡Pero la música sí lo es! Como un géiser, parece brotar de las profundidades preculturales del mito –y no sólo lo parece, sino que en realidad lo hace– y, a decir verdad, está concebida, deliberada, calculadamente, con gran inteligencia, con un máximo de sutileza, con un espíritu tan literario como es musical el espíritu del texto. Esta música, resuelta en sus elementos primitivos, debe servir para poner muy de relieve conclusiones filosóficas. Los interminables cromáticos del *Liebestod* son una idea literaria. El fluir inmemorial del Rhin, los siete acordes primitivos –como bloques para construir el Walhalla– no lo son menos. Yo volvía caminando a casa, una noche, con un famoso director que acababa de dirigir *Tristán*, el cual me dijo: "Esto ya no es música". Expresaba con ello el sentimiento de nuestra emoción común. Pero lo que nosotros dijimos con aceptación, con admiración, sólo pudo sonar al principio como una furiosa negativa. Jamás se había escuchado música como la del viaje de Sigfrido por el Rhin o la del lamento fúnebre, de inexpresable deleite para nuestros oídos, para nuestros espíritus; era música desconocida e inaudita en el peor sentido de la palabra. Era demasiado pedir que esto de ensartar juntas citas musicales simbólicas, hasta arrojarlas como cantos rodados al torrente del desarrollo musical, fuese considerado música como son música Bach, Beethoven y Mozart. Era pedir demasiado al pretender que el amor en mi mayor del principio de *El Oro del Rhin* fuese llamado música. No lo era. Se trataba de una idea acústica: la idea del comienzo de todas las cosas. Era la obstinada explotación de la música por un dilettante para expresar una idea mitológica. El psicoanálisis pretende saber que el amor está compuesto y conjuntado con elementos de mera perversidad, sin embargo, sigue siendo amor, lo más divino que puede exhibir este mundo. Y bien: El genio de Richard Wagner está formado por torrentes de diletantismo.

Pero... ¡Qué torrentes! Wagner es un músico capaz de persuadir hasta a lo no-musical de que sea musical. Esto podría ser un inconveniente a los ojos de los esotéricos y aristócratas del arte. Pero, ¿y cuando entre los no-musicales encontramos a hombres y artistas como Baudelaire? Para éste, el contacto con el mundo de la música era simplemente el contacto con Wagner. Baudelaire le escribió a Wagner que no comprendía la música y nada sabía de ella salvo unas pocas y bellas cosas de Weber y de Beethoven. Y, ahora, era presa de un éxtasis que le hacía sentir el deseo de crear música con palabras solamente, para rivalizar con Wagner en materia de lenguaje, todo lo cual tuvo consecuencias de largo alcance para la poesía francesa. Una seudo música, un músico diletante, pueden hacer con sus conversos y prosélitos lo que aquélla: hasta la más austera de las músicas podría envidiarles... y no sólo a ellos. Porque esa música esotérica contiene cosas tan espléndidas, tan llenas de genio, como para tornar ridículas semejantes distinciones. El tema del cisne en *Lohengrin* y *Parsifal*, la música de la luna llena estival del fin del segundo acto de *Los Maestros Cantores* y el quinteto del tercero, la armonía en la mayor del segundo acto del *Tristán* y las visiones percibidas por Tristán de los amantes que cruzan el mar, la música del Viernes Santo en *Parsifal* y la poderosa música de la transformación en el tercer acto, el magnífico dúo de Sigfrido y Brunilda en el comienzo del *Götterdämmerung*, con la cadencia popular *Willst du mir Minne schenken* y la deliciosa *Heil dir, Brünnhilde, prangender Stern*, ciertas partes de la revisión del tiempo del *Tristán* en el Venusberg..., todas éstas son inspiraciones capaces de hacer sonrojar de deleite a la música pura o tornarla verde de envidia. He elegido esos fragmentos al azar. Hay muchos otros que podría citar para poner de manifiesto la asombrosa maestría de Wagner en lo que concierne a la modificación, modulación y nueva interpretación de un tema ya presentado: por ejemplo, en el preludio al tercer acto de *Los Maestros Cantores*, donde el *Schusterlied* de Hans Sachs, que ya conociéramos desde el alegre segundo acto como una fresca canción obrera, se eleva a imprevistas cumbres de poesía. O tomemos la refundición –de ritmo y de timbre– y la transformación que sufre el llamado tema de la fe: le oímos primeramente en la obertura y muchas veces en todo el transcurso de *Parsifal*, comenzando por el gran recitativo de Gurnemanz. Cuesta referirse a estas cosas con sólo las palabras que uno tiene a su disposición. ¿Será por qué, cuando pienso en la música de Wagner, mi oído evoca algún pequeño detalle, un mero arabesco, como el canto de la trompa, técnicamente facilísimo de describir y con todo en absoluto indescriptible, que en el lamento por la muerte de Sigfrido anuncia armónicamente el tema de amor de sus padres? En semejantes momentos, apenas si se sabe si es el arte característico y personal de Wagner o la propia música que tanto amamos lo que nos encanta. En una palabra, es algo celestial, aunque tan solo la música podría inducirnos a emplear este adjetivo extremo sin sentir vergüenza.

El tono general de la música de Wagner, en un sentido psicológico, es pesado, pesimista, cargado de pesados anhelos, de ritmo desgarrado: parece estar luchando por liberarse de las tinieblas y la confusión en busca de la redención por la belleza. Es la música de un alma agobiada, carece de un llamado a la danza sobre los músculos, lucha, incita y avanza forzadamente, al modo nórdico. El ágil ingenio de Lenbach la caracterizó adecuadamente al decirle a Wagner en cierta ocasión: "Su música... ¡válgame Dios!..., es algo así como un furgón de equipajes que va al reino de los cielos". Pero no es tan sólo eso. La pesadez que lleva al alma no debe hacer olvidar que también puede producir lo alegre, lo vivaz y lo majestuoso, como en los temas de los caballeros, en los motivos de Lohengrin, Stolzing y Parsifal, la natural malicia y predestinada belleza del terceto de doncellas del Rhin, el burlesco humor y erudita arrogancia de la obertura de *Los Maestros Cantores*, la alegre música popular de la danza del segundo acto. Wagner es capaz de hacerlo todo. En el arte de la caracterización es incomparable: comprender su música como un método de caracterización es admirarla sin restricciones. Es pintoresca, hasta grotesca: está basada por entero en la perspectiva requerida por el teatro. Pero tiene tanta riqueza de inventiva hasta en las cosas pequeñas, tan flexible capacidad de penetrar en el carácter, en el discurso y en el gesto, como nunca se vio en grado tan marcado. Triunfa en los papeles individuales: tomemos la figura del Holandés Errante, musical y poéticamente rodeado por la fatalidad y la destrucción, envuelto por el salvaje furor de los mares solitarios. O bien a Loki, con su elemental incalculabilidad y malicioso encanto o al enano padre adoptivo de Sigfrido, patituerto y parpadeante o el estúpido rencor de Beckmesser. Es el histrión de la dionisíaca y su arte –sus artes, si así lo prefieren ustedes– que se revelan en este omnipotente y omnipresente poder de descripción y transformación. Aquí él no sólo cambia su máscara humana, penetra en la naturaleza y habla en la tempestad y en el rayo, en la hoja que cruje y en la espuma de la ola, en el arco iris y en la llama bailarina. El gorro de Alberico es el amplio símbolo de este genio para el disfraz, de esta imitativa penetración en todas partes, que lo mismo puede entrar en el fofo saltar y arrastrarse del humilde sapo que en la despreocupada existencia de los viejos dioses escandinavos que saltan entre las nubes. Es esta versatilidad característica la que pudo abarcar obras de tan absoluta heterogeneidad como *Los Maestros Cantores*, vigorosa y alemana como el propio Lutero, y el mundo ebrio de muerte, ansioso de muerte, del *Tristán*. Distingue cada una de las óperas de las demás, desarrolla cada una partiendo de una nota fundamental que la diferencia del resto, de modo que –dentro de la producción integral, que es después de todo un cosmos personal–, cada obra aislada forma una cerrada y rutilante entidad aparte. Entre ellas, hay relaciones y puntos de contacto musicales que revelan la naturaleza orgánica del todo. En Parsifal se perciben acentos de *Los Maestros Cantores*, en *El Holandés Errante* se nos anticipa algo de *Lohengrin*, y en su texto hay indicios de los éxtasis religiosos de Parsifal, como en las palabras: *"Ein heil'ger Balsam meinen Wunden, dem Schwur, dem hohen Wort entfliesst"*. Y en el cristiano *Lohengrin* hay un residuo pagano, personificado por Ortrud, que insinúa *El Anillo de los Nibelungos*. Pero, en un sentido, cada obra está contrapuesta estilísticamente al resto, de un modo que nos permite ver y casi sentir el secreto del estilo como la pepita misma del arte, casi como el arte mismo, el secreto de la unión de lo personal con lo objetivo. En cada una de sus obras, Wagner es enteramente él mismo, ni lo más mínimo podría ser allí de otro, todo lleva su inconfundible fórmula y firma. Y, con todo, cada obra es al mismo tiempo, desde el punto de vista del estilo, un mundo propio, el producto de una intuición objetiva que mantiene el equilibrio con la fuerza de voluntad personal y se reduce por completo a ella. Quizás la máxima maravilla en este sentido sea la obra del hombre de setenta años, el *Parsifal*: aquí, lo máximo se logra explorando y expresando mundos remotos, terribles y santos. Sí. Pese al *Tristán*, aquél es el punto más alto alcanzado por Wagner, testimonia un poder de fundir el estilo con la emoción que está más allá aún de su capacidad habitual; a estos sonidos, nos rendimos con renovado interés, desasosiego y embeleso.

Esto es lamentable –escribe Wagner desde Lucerna en 1859, en medio de sus penosos esfuerzos con el tercer acto del Tristán, que renovó su interés por la tanto tiempo imaginada y ya bosquejada figura de Amfortas– ¡Lamentable! Piénsese en ello, por amor de Dios: repentinamente, he visto con terrible claridad que Amfortas es mi Tristán del tercer acto, en su inimaginable culminación".

Este proceso de "culminación" es la ley involuntaria de la vida y desarrollo de las producciones de Wagner y el resultado de una excesiva complacencia consigo mismo. Durante toda su vida, Wagner estuvo trabajando para dar expresión a Amfortas, en acentos desgarrados por la tortura y el pecado. Ya lo hacía en el "¡Oh, cómo me oprime el peso del pecado!" de Tannhäuser. En el *Tristán*, esos acentos parecen haber alcanzado su máxima y más destructora expresión, pero en *Parsifal*, como el propio Wagner lo reconoce con horror, aquellos deben pasar por otra "inimaginable culminación". Se trata de retorcer el lenguaje hasta el máximo y de buscar luego inconscientemente situaciones cada vez más fuertes e intensas para acompañarlas. El material, las obras aisladas, son etapas y sucesivas transformaciones de una unidad poseída por la completa y acabada obra de toda la vida, que "evoluciona" pero que, hasta cierto punto, estaba presente desde el comienzo. Esta es la explicación del entretejerse y ensamblarse de las concepciones, de lo cual resulta, en un artista de este género y calibre, que Wagner jamás trabajó simplemente sobre la tarea que tenía entre manos, porque todo lo demás está pesando sobre él y sirviendo de lastre sobre el momento creador. Aparece algo que aparentemente (y sólo a medias aparentemente), ha sido planeado para todo el transcurso de una vida cuando nos enteramos de que Wagner, en 1862, le escribió con toda precisión a von Bülow desde Bieberich que *Parsifal* sería su última obra. Esto ocurrió veinte años justos antes de su realización real. El *Sigfrido* será compuesto entre el *Tristán* y *Los Maestros Cantores*, y todo *El Anillo de los*

*Nibelungos*, elaborado para llenar los claros de este plan de trabajo. Durante todo el proceso del *Tristán*, Wagner debió llevar *El Anillo* consigo, y en el *Tristán*, desde el principio, hay indicios del *Parsifal*. Este último estuvo presente durante el proceso de su vigorosa y lozana obra *Los Maestros Cantores*, llena del espíritu de Lutero: había estado esperando desde 1845, el año del estreno de *Tannhäuser*, en Dresden. En 1848, aparece el borrador en prosa que condensa el mito de los Nibelungos en un drama: es escrita *La Muerte de Sigfrido*, que debía terminar en *El Crepúsculo de los Dioses*. Pero, mientras tanto, entre 1846 y 1847, es compuesto *Lohengrin* y bosquejada la acción de *Los Maestros Cantores*, como comedia satírica y *pendant* humorístico de *Tannhäuser*. Esta cuarta década del siglo, en cuya mitad Wagner tendrá treinta y dos años, redondea el plan de trabajo de toda su vida, que será realizado en las cuatro décadas siguientes hasta 1881, siendo ensambladas todas las obras entre sí con una labor simultánea sobre todas ellas. La obra de Wagner, en un sentido estricto, no tiene cronología. Se origina, desde luego, con el tiempo, pero está ahí toda a un tiempo y ha estado allí desde el primer momento. La última realización, prevista como tal desde el principio y completada a los sesenta y nueve años, está ya entonces tan lista que significa el cumplimiento, el fin y desenlace, y nada queda después de ella: la labor del anciano sobre esa obra, la labor de un artista que ha vivido hasta el término absoluto de sus fuerzas, no es más que simple trabajo. La titánica tarea ha terminado, está completa; el corazón, que ha soportado las tempestades de setenta años puede, en un postrer espasmo, dejar de latir.

Esta carga creadora, con todo, reposaba sobre hombros que distaban de ser tan anchos como los de San Cristóbal, sobre una constitución tan débil, a juzgar por las apariencias y por la evidencia subjetiva, que nadie la habría capaz de soportar el peso de semejante carga hasta llevarla a su fin. Esta naturaleza se sentía a cada momento al borde del agotamiento; sólo por excepción experimentaba sensaciones de bienestar. Constipado, melancólico, insomne, generalmente torturado, este hombre se halla a los treinta años en un estado tal que se sienta a menudo para llorar un cuarto de hora sin interrupción. No puede creer que vivirá lo suficiente para ver terminado el *Tannhäuser*. El comenzar a los treinta y seis años la empresa de llevar *El Anillo* a feliz término, le parece presunción; a los cuarenta, "piensa diariamente en la muerte"..., él, que escribirá *Parsifal* casi a los sesenta y nueve.

Su martirio es una dolencia nerviosa, una de esas enfermedades orgánicamente intangibles que atontan a un hombre por espacio de años y que, sin ser en realidad peligrosas, hacen que la vida sea una carga para él. A la víctima le cuesta creer que no son peligrosas. Más de una vez, las cartas de Wagner dejan traslucir que se considera un condenado a muerte. "Mis nervios –le escribe a su hermana a los treinta y nueve– están ahora en completa declinación; es posible que algún cambio en mi vida externa tenga a raya artificialmente a la muerte durante algunos años, pero no podrá detener el proceso". Y, en el mismo año: "Estoy muy enfermo de los nervios y después de varios esfuerzos por someter a la enfermedad a un tratamiento radical, he llegado a la conclusión de que no hay esperanzas de restablecimiento. Mi trabajo es todo lo que me sostiene, pero los nervios de mi cerebro están ya tan arruinados que no puedo trabajar más de dos horas diarias, y eso solamente si me acuesto luego durante dos horas y me duermo quizás un poco". Dos horas diarias. Con tan breves períodos, pues, al menos en ocasiones, se va elevando toda la gigantesca obra de la vida de Wagner, y eso, luchando siempre con un agotamiento que se produce con rapidez, complementado por una resistente elasticidad que en poco tiempo puede restaurar las energías fácilmente agotadas. Y la denominación moral de este proceso es "paciencia". "La verdadera paciencia ostenta gran elasticidad", observa Novalis y Schopenhauer la elogia como auténtico valor. Es esta combinación moral y física de valor, paciencia y elasticidad lo que capacita a este hombre para realizar su misión; la historia de Wagner, como difícilmente podría hacerlo la de cualquier otro artista, nos da un atisbo de la peculiar estructura vital del genio: esta mezcla de sensibilidad y de fuerza, de delicadeza y de resistencia, que está compuesta de penoso esfuerzo contra los obstáculos y de compensaciones en todo sentido inesperadas y de la cual surgen las grandes obras. Nada tiene de sorprendente que, con el tiempo, dé la sensación de haberse sostenido gracias a la porfía de la tarea misma. Cuesta no creer en una voluntad metafísica de la obra que está luchando hacia la realización, cuyo instrumento y víctima, quieras que no, es el autor. "Lo cierto es que trabajo de manera muy desdichada, pero trabajo". He aquí la desesperada exclamación, la burla de sí mismo que surge de una de las cartas de Wagner. Y éste no deja de establecer un nexo causal entre sus sufrimientos y su arte: reconoce que su arte y su dolencia son una sola y misma enfermedad, con el resultado de que procura escapar de ambas, ingenuamente, con la ayuda de una cura de aguas. "Hace un año –escribe– estuve en un establecimiento hidropático, donde esperé y quise llegar a ser un hombre totalmente sano con la curación de mis sentidos. Yo ansiaba el género de salud que me permitiría liberarme del arte, el martirio de mi vida: era una última y desesperada lucha por la felicidad, por una auténtica y noble alegría de vivir, tal como sólo puede tenerla la gente sana".

¡Cuán conmovedora es esta declaración confusa e infantil! Wagner espera que el agua fría lo cure del arte, esto es, de la constitución que hace de él un artista. Su relación con el arte, que es su destino, es compleja casi más allá de toda esperanza de esclarecimiento, altamente contradictoria, difusa... por momentos, Wagner casi parece temblar entre las mallas de una red lógica. "¿De modo que debo hacer también esto? –exclama el hombre de cuarenta y seis años, después de haberse internado fogosamente en el contenido simbólico e intelectual del plan de *Parsifal*– ¡Y la música para esto también! Muchas gracias. El que quiera, puede hacerlo, yo lo apartaré de mí todo lo que pueda". Estas palabras tienen un acento de femenina coquetería: están plenas de trémula ansiedad por el trabajo, de conciencia de la voz interior que dice "Tú debes" y del voluptuoso placer de negarse. El sueño de liberarse, de vivir en vez de crear, de ser feliz, vuelve a repetirse en sus cartas: las palabras "felicidad", "noble felicidad", "noble goce de la vida", son expresadas dondequiera como lo opuesto a la existencia del artista; como también la concepción del arte como sustituto de todas las formas directas del goce. A los treinta y nueve, le escribe a Liszt: "Declino en forma cada vez más segura de día en día. Llevo *una vida indescriptiblemente inútil*. Nada sé del verdadero placer de vivir: para mí, el placer, el amor (Wagner subraya la palabra) son imaginarios, no experimentados. Mi corazón ha debido absorberse en mi cerebro, mi vida ha debido tornarse artificial; ahora sólo puedo vivir como "artista"; todo el ser humano está absorbido en éste". Debemos reconocer que el arte nunca fue descripto antes con palabras más fuertes, con más desesperada franqueza, como una droga, un tóxico, un *paradis artificiel*. Y Wagner tiene accesos de violenta rebelión contra esta existencia artificial, como en su cuadragésimo cumpleaños, oportunidad en que escribe a Liszt: "Quiero ser bautizado de nuevo. ¿Será usted mi padrino? ¡Me gustaría que ambos nos alejáramos, lanzándonos al mundo! ¡Venga conmigo al ancho mundo... aun cuando nos destrocemos allí alegremente, hundiéndonos en algún abismo!" Recordamos aquí a Tannhäuser, cuando se aferra a Wolfram para arrastrarlo al Venusberg; porque, ciertamente, el mundo y la vida", como en un sueño febril, son concebidas bajo la imagen del Venusberg, como un estado de perfecto *manfichismo* bohemio y como la autodestrucción de un loco relajamiento: en suma, como todo aquello para lo cual el arte le ofrece un "inútil" sustituto.

Por otra parte, o más bien en extraña oposición con esto, el arte se le aparece a Wagner bajo una luz totalmente distinta, como un medio de liberación, como un sedante, como un estado de contemplación pura y de entrega de la voluntad: porque así le enseñó a contemplarlo la filosofía y con la docilidad y buena voluntad común a los niños y a los artistas se sintió ansioso por obedecer. ¡Oh! ¡Wagner es un idealista! La vida tiene su sentido, no en sí misma, sino en cosas más altas, en tareas más altas, en actividades creadoras, y así "estar luchando siempre  para producir lo que hace falta" como lo está él, "el ser incapaz con frecuencia, durante largos períodos de tiempo, de pensar en nada salvo en cómo debo hacer para lograr paz externa tan siquiera por algún tiempo, y el tener que separarme a ese fin en forma tan absoluta de mi propio carácter, el tener que parecerle a la gente de quien necesito esas cosas tan distinto en absoluto de lo que soy... esto es realmente enloquecer... ¡Todas estas preocupaciones son tan adecuadas y naturales en el hombre para quien la vida es un fin en sí misma, que obtiene toda la alegría que encuentra en las cosas de la dificultad que encuentra para su obtención y nunca logra comprender por qué les desagrada tanto esto a nuestros semejantes, desde que esa es la suerte común de la humanidad! ¿Quién comprende realmente, en el fondo de su alma, el que alguien considere la vida no como un fin en sí misma, sino como un medio indispensable para llegar a un objetivo más alto?" (Carta a Matilde Wesendonk, desde Venecia, Octubre de 1858). A decir verdad, es cosa vergonzosa y degradante el estar obligado a luchar así por la vida, el arrodillarse por ella, cuando lo que se desea no es precisamente la propia vida sino un objetivo más alto que está por encima y fuera de la vida: el arte, la creación, por los cuales uno debe luchar en procura de la paz y el reposo y que aparecen también a la luz de la paz y el reposo. Y hasta cuando se ha logrado finalmente, a fuerza de luchar, las condiciones adecuadas para trabajar –que no se satisfacen tan fácilmente– recién entonces comienza el verdadero y más elevado tráfago voluntario, la productiva lucha involucrada en el arte.

Porque lo que se ha imaginado, en el alucinado filosofar mientras se lucha por los aspectos más humildes de la existencia, una "idea" pura y sabiduría redentora, resulta ser una verdadera rueda de Ixión, última y máxima convulsión de la voluntad de trabajo.

La pureza y la paz: un hondo anhelo de estas dos cosas yace en nuestro pecho, complementando nuestra sed de vida. Y cuando este anhelo reacciona contra nuestra tentativa de aferrar la alegría inmediata, el arte –esto es una nueva complicación en nuestras relaciones con él– aparece ante nosotros bajo la forma de un impedimento para nuestra curación. Lo que tenemos aquí, es una variante de la repudiación tolstoiana del arte, la cruel negación de las propias prendas naturales en bien del "espíritu". ¡Ah, el arte! ¡Cuánta razón tenía Buda cuando lo llamó el sendero más ancho para alejarse de la salvación! Hay una larga y tempestuosa carta escrita desde Venecia a Frau Wesendonk, en 1858, en que Wagner le expone esto a su amiga, analizando su idea de un drama budista. "Drama budista": en esto estriba precisamente la dificultad. Se trata de una contradicción en los términos, como le resultó claro a Wagner cuando trató de utilizar dramática, y en particular musicalmente, la idea de un ser en absoluto libre, elevado por encima de todas las pasiones, tal como lo fue Buda. Era por completo evidente que el puro y santo, serenado por medio de la sabiduría, era un muerto artísticamente hablando. Fue algo afortunado el que

Buda Sakiamuni, según las últimas fuentes existentes, tuviese un postrer problema que afrontar, se viera envuelto en un conflicto final: debió llegar, pese a sus principios anteriores, a la decisión de recibir a la Hija del Dragón en el círculo de los elegidos. Y así, a Dios gracias, se convirtió en posible tema de tratamiento artístico. Wagner se regocija; pero, al propio tiempo, la naturaleza vital de todo arte, el conocimiento de su poder de tentación, caen pesadamente sobre su conciencia. ¿Acaso no lo ha sorprendido ya prefiriendo el juego y no el espíritu? Sin arte, podría ser un santo; con él, nunca lo será. Si le fueran concedidos el más alto de los conocimientos y el más profundo de los abismos, ello sólo podría hacer de él lo que era; un poeta, un artista; se presentarían ante él con conmovedora evidencia, formando un cuadro encantador y él sería capaz de resistir la tentación de darles un ser creado. ¡Peor aún! ¡Hasta le proporcionaría placer la diabólica antinomia! Esto es horrible, pero de un interés fascinador, se podría hacer con ello una ópera psicológica romántica; y esto, poco más o menos, es lo que ha hecho Wagner en su carta a Frau Wesendonk, lo cual es una suerte de primer borrador. Goethe afirma: "Es imposible retirarse del mundo más seguramente que por medio del arte, es imposible atarse más seguramente a él que por medio de él". ¡Véase lo que llega a ser esta declaración tranquila y consoladora en la cabeza de un romántico!

Pero, cualquiera que sea el disfraz que adopte el arte y se trate o no de una revelación de las alegrías tanto de los sentidos como de la salvación, el trabajo sigue de todos modos, gracias a ese elástico poder de recuperación que el mismo sujeto debe admirar secretamente: las partituras se acumulan y esto es lo principal. Este ser humano sabe un poco como cualquiera de nosotros de la manera adecuada de vivir. *Ha vivido*, la vida exprime de él lo que quiere –esto es, sus obras– sin consideración a los laberintos en que se extravían sus pensamientos. "¡Mi hijo, ese *Tristán*, se está tornando *terrible*! ¡Ese último acto! Me temo que la ópera será prohibida... eso si todo no se convierte en una parodia a causa de la mala representación. Sólo una representación mediocre podría salvarme. Una demasiado buena enloquecería a la gente. No puedo imaginármelo de otro modo. ¡Hasta a eso me he visto arrastrado! ¡Ay de mí! Simplemente, yo estaba demasiado lanzado... ¡Adiós!". Es una carta a Frau Wesendonk. Una carta totalmente no-budista, llena de risa excitada, semiaterrorizada ante la locura y la maldad de lo que estaba haciendo. ¡Qué reservas de buen humor, qué indestructible elasticidad debió pose-

er aquel hombre enfermizo y melancólico! Su enfermedad, después de todo, consiste en ser una variante del
género burgués de salud. Exhalaba una magia vital que
indujo a Nietzsche a decir que la relación con él era la
única gran experiencia alegre de su vida. Y Wagner
tenía, antes que nada, la inestimable facultad de dejar a
un lado el sentimiento y de darle rienda suelta al lugar
común. Entre sus artistas de Bayreuth, después de un
día de extenuante labor, solía anunciar el advenimiento
del descanso y solaz, exclamando: "¡Ahora, ni una palabra seria más!". Wagner comprendía perfectamente a
aquella pequeña gente de teatro que necesitaba para la
realización de sus ideas; pese a la gran diferencia intelectual, también él llevaba el teatro en la sangre, era un
camarada de la carreta de Tespis. Su íntimo amigo
Heckel de Mannheim, el primer accionista de Bayreuth,
dice cosas inapreciables al respecto. "Muy a menudo
—escribe— las relaciones entre Wagner y sus artistas eran
muy alegres y despreocupadas. En el último ensayo realizado en el salón del Hotel Sommer, en realidad,
Wagner estuvo realmente desbordante de jovialidad".
Esto le recuerda a uno de nuevo Tolstoi: la época en que
el profeta de barba gris y melancólico cristiano sintió tal
superabundancia de vitalidad que realmente saltó sobre
el hombro de su suegro. El uno no es menos artista que

los tenores y *soubrettes* que lo llaman maestro; un ser humano inclinado –en eI fondo– a ser alegre y crear alegría, a ser un instigador de toda clase de fiestas y diversiones, en profundo y muy saludable contraste con la inteligencia sabia, conocedora y dominante, el ser humano perfectamente seno, como Nietzsche. Conviene comprender que el artista, hasta cuando habita las más austeras regiones del arte, no es un hombre completamente serio: que los efectismos y el goce son su equipo y que la tragedia y la farsa pueden brotar de una misma raíz. Un cambio de luces puede convertir a la una en la otra: la farsa es una tragedia oculta, la tragedia –en último análisis– en una sublime burla. La seriedad del artista: he aquí un tema a meditar. Y capaz tal vez de provocar escalofríos si lo que queremos decir es que la veracidad intelectual del artista, equivalente para su veracidad artística, a la famosa "seriedad en la representación" –esa manifestación purísima, elevadísima y altamente conmovedora del espíritu humano– no interviene aquí. Pero... ¿qué diremos del otro, y en particular de la seriedad de ese buscador de la verdad, de ese pensador y creyente que es Richard Wagner? Los ideales ascéticos y cristianos de su última etapa, la filosofía sacramental de la salvación lograda por la abstinencia de los deseos carnales de toda índole, las convicciones y

56

opiniones de que *Parsifal* es expresión, aun el propio *Parsifal*, todos ellos niegan incontestablemente, anulan, borran la sensualidad y el espíritu revolucionario de los días de juventud de Wagner, que impregnan toda la atmósfera y contenido del *Sigfrido*. Puede no existir ya... no existe ya. Si el artista era sincero en el sentido intelectual en esos puntos de vista nuevos, posteriores y probablemente definitivos, las obras de las primeras épocas, reconocidas como erróneas, pecadoras y perniciosas, debieron haber sido censuradas y extirpadas, quemadas por la propia mano de su creador, para no ser por más tiempo motivo de tropiezos para la humanidad. Pero aquél no piensa en esto... en realidad, ni siquiera se le ha ocurrido esa idea. ¿Quién podría destruir tan hermosas composiciones? De modo que estas continúan existiendo, la una junto a la otra, y continúan siendo ejecutadas: porque el artista tiene veneración por su biografía. Sucumbe a los diversos estados de ánimo psicológicos de la vida a medida que ésta desfila y los pinta en obras que ante los ojos de la razón podrán contradecirse mutuamente, pero que en forma aislada son todas bellas y dignas de conservarse. Para el artista, las nuevas experiencias de la "verdad" son nuevos incentivos en el juego, nuevas posibilidades de expresión... nada más. Cree en ellas, las toma en serio, en tanto en cuanto las necesita a fin de darles la expresión más completa y profunda. En todo esto, es muy serio, serio hasta las mismas lágrimas –pero, sin embargo, *no absolutamente serio*– y por consiguiente, no es serio en modo alguno. Su seriedad artística es de una naturaleza absoluta, es una "actitud de seriedad a fondo". Pero su seriedad intelectual no es absoluta, es tan sólo seria a los fines del juego. Entre camaradas, el artista está tan dispuesto a burlarse de su propia seriedad que Wagner pudo realmente enviarle el texto de *Parsifal* a Nietzsche con la firma: "Richard Wagner, miembro principal del Consistorio". Pero Nietzsche no era un camarada. Tan benévola tolerancia no podía suavizar la agria y mortal, la absoluta seriedad de sus sentimientos contra el cristianismo papal de una producción... de la cual, con todo, dice que es el más alto género de desafío a la música. Cuando Wagner, en un arrebato de furia infantil, arrojó del piano una partitura de Brahms, el espectáculo de tan celoso deseo de dominio único entristeció a Nietzsche, que dijo: "En aquel momento, Wagner no fue grande". Si Wagner, a título de descanso, decía tonterías y contaba chascarrillos sajones, Nietzsche se ruborizaba por él. Puedo comprender la sensación molesta de Nietzsche ante esta presteza para moverse de un plano a otro: pero algo que hay en mí –quizás un sentimiento de camaradería para con Wagner como artista– me previene sobre la conveniencia de no comprenderlo demasiado bien.

Su encuentro con la filosofía de Arthur Schopenhauer fue el más grande de los acontecimientos de la vida de Wagner. Ningún contacto intelectual anterior, tal como el que tuvo con Feuerbach, se le acercaba en significado personal e histórico. Implica para él el más profundo de los consuelos, la más alta autoconfirmación: implica una liberación del pensamiento y del espíritu, es total y absolutamente oportuno. No cabe duda de que liberó su música de toda atadura y le dio valor para ser él mismo. Wagner tenía escasa fe en la realidad de la amistad. En su opinión y de acuerdo con su experiencia, las barreras de la personalidad que separaban a un alma de otra hacían inevitable la soledad e imposible una comprensión plena. Esta vez, se sintió comprendido y comprendió completamente. "Mi amigo Schopenhauer", "Un don del cielo para mi soledad". "Tengo un solo amigo –escribe–, un solo amigo que siempre gusto de conquistar de nuevo. Ese amigo es mi viejo Schopenhauer, que parece tan gruñón y es siempre tan profundamente afectuoso". "Cuando he apremiado mis sentimientos hasta el máximo... ¡qué alegría y frescura me proporciona el abrir ese libro y volver a encontrarme a mí mismo, a verme tan bien comprendido y tan claramente expresado, sólo que en un lenguaje por completo distinto, que el sufrimiento me hace comprender rápidamente! Es un efecto recíproco, maravilloso y placentero y siempre renovado por ser siempre fuerte... ¡Qué hermoso es esto de que el viejo nada sepa de lo que es para mí y *de lo que soy yo para mí mismo por medio de él*!".

Una racha afortunada como esta, entre artistas, es posible tan sólo cuando hablan lenguajes distintos; de otro modo, surgirían la catástrofe y una rivalidad mortal. Pero cuando el instrumento de uno de ellos es el pensamiento, en cambio, todo el encelamiento engendrado por la analogía o proximidad de los estados mentales es evitado. *El Pereant qui ante nos nostra dixerunt,* carece de alcance, como tampoco lo tiene la pregunta de Goethe: "¿Vive uno, pues, cuando los demás también viven?" Por el contrario: el propio hecho de la existencia de los demás significa ayuda en la necesidad, implica un imprevisto y bienvenido esclarecimiento y vigorización del propio ser. Es probable que, en la historia del espíritu, jamás haya habido un ejemplo tan maravilloso del artista, del ser humano triste y agobiado, que encuentra apoyo espiritual, autojustificación e ilustración en el pensamiento de otro, como en este caso de Wagner y Schopenhauer.

*El Mundo como Voluntad y Representación*: ¡qué recuerdos de nuestras propias embriagueces espirituales, de nuestras propias alegrías de concepción, mezcla de melancolía y gratitud, surgen ante el pensamiento del vehículo entre la labor de Wagner y este gran libro! Esta amplia crítica y guía, esta poesía del conocimiento, esta metafísica del impulso y del espíritu, de la voluntad y de las ideas tal como es concebida por el artista, esta maravillosa estructura pensante de los elementos éticos, pesimistas y musicales... ¡qué afinidades profundas, humanas y memorables exhiben con la partitura de *Tristán*! Acuden a la memoria las viejas palabras en que el jovenzuelo describió la existencia schopenhaueriana de su héroe: "Lo colmó una grande e insuperable satisfacción. Lo alivió el ver como podía asir el espíritu de un maestro esa cosa fuerte, cruel y burlona que se llamaba la vida, violentarla y condenarla. Su satisfacción era la del hombre que sufre y que siempre ha tenido dolorosa conciencia de sus sufrimientos, ocultándolos a las miradas de un mundo áspero y hostil, hasta que recibe repentinamente de manos de un hombre autorizado justificación y licencia para su sufrimiento: justificación ante el mundo, el mejor de todos los mundos posibles, que el pensamiento de su maestro le demuestra con desdén es el peor de todos los mundos posibles". Vuelven al recuerdo las viejas frases de gratitud y homenaje que expresan tan bien aún el trémulo éxtasis del pasado... y del presente: aquel despertar de un breve y pesado sueño, aquel despertar repentino y de exquisito sobresalto, para hallar en el propio corazón la simiente de una filosofía demostrativa de que el yo es una ilusión, la muerte una liberación de esa insuficiencia del yo, el mundo un producto de la voluntad y su propia posesión eterna, mientras no se niegue a sí mismo el conocimiento, buscando su camino de la vanidad a la paz. Esta es la posdata, la doctrina de la sabiduría y de la salvación agregada a una filosofía de la voluntad que tiene poco de común con la sabiduría de la paz y del reposo, siendo una concepción que sólo pudo tener su fuente en un temperamento atormentado por la voluntad y el impulso: en la cual, sin duda, el impulso hacia la clarificación, la espiritualización y el conocimiento era tan fuerte como el otro apremio siniestro, la concepción de un Eros universal que considera expresamente al sexo foco de la voluntad y al punto de vista estético, como el de la contemplación pura y desinteresada, la única y fundamental posibilidad de liberación de la tortura del instinto. Esta filosofía, que es la negación intelectual de la voluntad, nació de la voluntad, del deseo opuesto a mejorar el conocimiento. Y así fue como Wagner, cuyo temperamento era profundamente afín al del filósofo, la identificó y captó con la máxima gratitud, como algo propio en lo esencial y que respondía a sus necesidades. Porque su temperamento, asimismo, estaba compuesto de apremiantes y torturadores deseos de poder y de goce, conjuntamente con ansias de esclarecimiento moral y liberación: era un conflicto de la pasión y del deseo de paz. Y, por ello, un sistema de pensamiento que es una extraordinaria mezcla de quietismo y heroicidad, que llama "felicidad" a una quimera y proclama que lo más alto y mejor que podemos conseguir es una vida de heroica lucha, debió regocijar a un temperamento como el de Wagner, debió parecerle adecuado y hecho para él.

Las obras autorizadas sobre Wagner afirman muy seriamente que el *Tristán* no fue influido por la filosofía de Schopenhauer. Esto me parece una extraña falta de visión. El culto archirromántico de la noche materializado en esta obra sublimemente morbosa, destructora, hechicera, sumergida de manera profunda en los peores y más altos misterios de esencia romántica, nada tiene en sí de específicamente schopenhaueriano. Las intuiciones sensibles, supersensibles del *Tristán* provienen de una fuente remota, del vehemente y turbulento Novalis, que escribe: "La unión, no sólo para la vida sino también para la muerte, es un matrimonio que sólo nos da un compañero para la noche. El amor alcanza su máxima dulzura en la muerte: para los vivos, la muerte es una noche nupcial, un dulce y misterioso secreto". Y en *Himnos a la noche*, se lamenta: "¿Debe llegar siempre la mañana? ¿Jamás cesa el dominio de lo terreno? ¿No arderá alguna vez el dulce sacrificio del amor sobre el altar?". Tristán e Isolda se llaman a sí mismos "Los ungidos de la noche": esta frase, en realidad, se repite en Novalis: "Ungidos en la noche". Y aun más impresionantes desde el punto de vista de la historia literaria, más significativos aún en cuanto a las fuentes del *Tristan*, a sus bases emotivas e intelectuales, son sus puntos de contacto con un librito de mala reputación, la *Lucinda* de Friedrich von Schlegel. Cito un pasaje de esta obra: "Somos tan inmortales como el amor. Yo no puedo decir ya "mi amor" o "tu amor", siendo ambos tan absolutamente algo único, amor tanto dado como devuelto. Es el matrimonio, eterna unión y vínculo entre nuestros espíritus, no sólo en lo que llamamos este mundo, sino en un mundo verdadero, invisible, innominado, infinito, para nuestra vida y ser totales y eternos". He aquí la imagen mental del amor y el breba-je de muerte: "Así, también yo, si parece haber llegado la hora, vaciaré contigo una copa de agua de laurel, libre y alegremente, como la última copa de champaña que habremos bebido juntos, con las palabras: "¡Bebamos el resto de nuestras vidas!". Y he aquí la idea del *Liebestod*: "Ya sé que tú no me sobrevivirás, que seguirás a la tumba a tu impaciente esposo, que desde el amor y el ansia vehemente bajarás al llameante abismo adonde es arrastrada la mujer hindú por una desesperada ley, que por ruda y deliberada coacción viola y destruye los más delicados santuarios de la libre voluntad". Y hay una referencia a la "exaltación de la voluptuosidad", induda-blemente una fórmula wagneriana. He aquí, sin duda, un poema erótico y místico en elogio y adoración del sueño, el paraíso del descanso, el sagrado silencio de la pasividad, que en *Tristán* deviene el tema arrullador de las trompas y de los violines divididos. Y fue ni más ni menos que un descubrimiento literario lo que hice al descubrir, durante mi juventud, el pasaje lleno de éxta-sis entre Julio y Lucinda: "¡Oh, eterno anhelo! Porque el infructuoso deseo y vano brillo del día agonizan y mue-ren y una gran noche de amor conoce el eterno reposo", y escribí al margen: "Tristán". Hasta ahora, no sé que alguien haya notado este caso de inconsciente memoria verbal e imitación, así como ignoro si los eruditos saben que Nietzsche tomó de la *Lucinda* su tílulo para el libro que llama *Fröhliche Wisunschaft* ("La Gaya Ciencia").

Su culto de la noche, su abominación del día, es lo que le da al *Tristán* el sello de romántico, tan fundamentalmente conexo con todos los aspectos románticos de la emoción y el pensamiento... y que, como tal, no necesita la rúbrica de Schopenhauer. La noche es el reino y hogar de todo romanticismo, su descubrimiento propio y ha hecho alarde siempre de él frente a las vacías vanidades del día, como el reino de la sensibilidad contra la razón. Jamás olvidaré la impresión que me hizo Linderhof, el castillo del doliente Rey Ludovico, consumido por la belleza: porque vi allí la preponderancia de la noche expresada en las proporciones mismas de los aposentos. Este palacete de recreo situado en las maravillosas soledades de las montañas tiene salones de recibo más bien pequeños e insignificantes y sólo un aposento de relativa magnificencia por su tamaño y decoración: la alcoba. Esta se halla llena del pesado esplendor del dorado y la seda, su lecho de gala yace bajo un dosel y está flanqueado por candelabros de oro. Este es el verdadero apartamento de gala del chalet real y está dedicado a la noche. Esta deliberada acentuación de la noche, la mitad más bella del día, es archirromántica: y su romanticismo está ligado con el culto integral de la madre y la luna que, desde el alba de los tiempos humanos y del culto humano del sol, se ha opuesto a la religión de la luz del varón y del padre. El *Tristán* de Wagner corresponde, en términos generales, a este mundo.

Pero, cuando los eruditos wagnerianos dicen que el *Tristán* es un drama de amor, que contiene como tal la más vigorosa afirmación de la voluntad de vivir y que nada tiene que ver, en consecuencia, con Schopen-hauer, cuando insisten en que la noche allí celebrada es la noche de amor "wo Liebeswonne uns lacht", y que, si ese drama tiene alguna filosofía, se trata de la antípoda precisa de la doctrina que negaría la voluntad y esto precisamente sobre la base de que es independiente de la metafísica de Schopenhauer, me parece que todo esto revela una extraña insensibilidad psicológica. La negación de la voluntad es el contenido moral e inte-lectual de la filosofía schopenhaueriana, esencialmente indeciso y de significado secundario. El sistema filosó-fico de Schopenhauer en lo fundamental erótico por su naturalisa, y en tanto en cuanto lo es, *Tristán* está satu-rado del mismo. El acto de apagar la antorcha en el segundo acto del misterio dramático es acentuado por la orquesta con el tema de la muerte, por el grito de éxtasis de los amantes: "Selbst dann bin ich die Welt", con el vehemente tema brotado de las profundidades de la música psicológica y mítica que lo acompaña... ¿Acaso todo esto no es Schopenhauer? Wagner es, en *Tristán*, tan poeta mitológico como en *El Anillo*: hasta el drama de amor se vincula con un mito del origen del mundo. " A menudo –le escribe desde París en 1860 a Matilde Wesendonk– miro con ansia hacia la tierra del Nirvana. Pero el Nirvana se torna pronto *Tristán* nuevamente. ¿Conoce la historia de la teoría budista del origen del mundo? Un soplo turba la claridad de los cielos". –Wagner escribe las cuatro notas cromáticas ascendentes con que comienza y termina su *opus metaphysicum*, el *sol sostenido*, el *la*, el *la sostenido*, el *si natural*– se hincha y condensa, y ahí, ante mí, está toda la masa sólida del mundo". Es el simbólico pensamiento musical que conocemos con el nombre de *Sehnsuchtsmotiv* y que en la cosmogonía del *Tristán* significa el comienzo de todas las cosas, como el *mi mayor* del tema del Rhin en *El Anillo*. Es la "voluntad" de Schopenhauer, representada por lo que Schopenhauer llamó el "foco de la voluntad", el ansia de amor. Y esta mítica equiparación del deseo sexual al dulce y fatal principio creador del mundo que turbó por vez primera el claro cielo del espacio infinito, es algo tan schopenhaueriano que la negativa de los expertos a verlo parece obstinación.

– ¿Cómo podríamos morir? –pregunta Tristán en el borrador inicial, no versificado aún–. ¿Qué podríamos matar en nosotros que no fuese el amor? ¿ No somos total y solamente amor? ¿Puede terminar algún día nuestro amor? ¿Podría yo querer que el amor no amara más? Si yo debiera morir ahora, ¿moriría también el amor, desde que nada somos sino amor?

La cita revela la decidida equiparación del amor y la voluntad de parte del poeta. Este último propugna simplemente el amor por la vida, que no puede terminar en la muerte, aunque está liberado de las cadenas de la personalidad. Lo más interesante es asimismo ver el mito del amor sostenido como una concepción del drama y preservado de todo obscurecimiento o deformación histórico o religioso. Frases como "Ya sea que esté destinado al cielo o al infierno", conservadas en el borrador, son omitidas en la representación. Tenemos aquí, sin duda, un debilitamiento consciente del elemento histórico, pero el mismo se halla limitado a lo intelectual y filosófico y sólo se produce en interés de estos. Y se adapta admirablemente a una técnica más intensa del colorido, aplicada a los decorados panorámicos, a los elementos culturales, a las características raciales de los protagonistas. Es una especialización estilística de increíble destreza y ejecución. En parte alguna triunfa más místicamente la habilidad mímica de Wagner que en el estilo del *Tristán*, y esto no se limita tan sólo al lenguaje, por la fraseología propia de la epopeya amorosa, porque, con intuitivo genio, es capaz de saturar su cuadro de palabras y tonos de una atmósfera anglo-normando-francesa, con un discernimiento que revela cuán completamente está a sus anchas el alma de Wagner en la esfera prenacional de la vida europea. El divorcio de la historia, la libre humanización, se producen sólo en el terreno del pensamiento especulativo y también al servicio del mito erótico. El cielo y el infierno son puestos a contribución para éste. El cristianismo también, desde que equivaldría a una atmósfera histórica. No hay Dios, nadie Lo conoce ni Lo reclama. Sólo hay filosofía erótica, metafísica atea; el mito cosmogónico en que el *Sehnsuchtsmotiv* evoca al mundo.

La saludable enfermedad de Wagner, su manera más bien morbosa de ser heroico, son simples indicaciones de las contradicciones y tendencias opuestas de su temperamento, de su dualidad y multiplicidad, tal como aparece manifestada en elementos tan aparentemente contradictorios como las inclinaciones psicológicas y mitológicas a las cuales me he referido ya. El llamarlo romántico, es con todo probablemente la más apropiada pintura de su temperamento, pero el concepto romántico es en sí mismo tan complejo y cambiante que parece ser, más bien que una categoría, un abandono de las categorías.

Sólo en lo romántico puede unirse la apelación a lo popular con el máximo de sutileza, con un "nefando desenfreno" en los medios y en los efectos y sólo esto puede hacer posible la "doble óptica" de que habla Nietzsche refiriéndose a Wagner, que sabe como proveer a lo más grueso y a lo más fino –inconscientemente, desde luego, ya que sería estúpido introducir el elemento del cálculo–, cuyo *Lohengrin* puede transportar al éxtasis a espíritus como el del autor de *Las Flores del Mal* y servir al propio tiempo para elevar a las masas, que lleva una doble vida a lo Kundry como ópera de los domingos por la tarde y como ídolo de las almas iniciadas, sufrientes e hipersensibles. Lo romántico –en unión, naturalmente, con la música, hacia la cual aspira continuamente, sin la cual no puede tener realización– no conoce exclusividad, ni tampoco "sentimiento de distancia": a nadie le dice "esto no es para ti". Un aspecto de su naturaleza se apoya en lo más bajo e inferior, y nadie podrá decir que esto sucede con todo gran arte. El gran arte puede haber logrado parece ser, más bien que una categoría, un unir en otra parte lo infantil y lo elevado, pero la combinación de lo muy *raffiné* con la simplicidad del cuento de hadas, el poder de materializar –y popularizar– lo altamente intelectual bajo el disfraz de una orgía de los sentidos, la capacidad de vestir a lo grotesco en lo esencial con el indumento de la santificación, la Ultima Cena, la campana, la elevación de la hostia, el conjuntar el sexo y la religión en una ópera de atracción sexual muy audaz y el instalar esa especie de institución artística santa–, profana en el centro de Europa como una suerte de teatro a lo Lourdes y de milagrosa gruta para la crédula voracidad de un mundo decadente..., todo esto es simplemente romántico. En lo clásico y humanístico, la esfera en verdad elevada del arte, esto es completamente inconcebible. Tomemos la lista de personajes de *Parsifal*. ¡Qué conjunto! Un evolucionado y desagradable degenerado tras otro, un mago autocastrado, una angustiada doble personalidad integrada por una aventurera y una cortesana arrepentida, con etapas catalépticas de transición, un sumo sacerdote herido de amor, que espera la redención que deberá venir a él bajo la forma de un casto joven, el joven mismo, "puro", tonto y redentor, figura totalmente distinta del gallardo despertador de

Brunilda y que es también, a su modo, un espécimen sumamente raro... Todos estos se parecen al conjunto de espantapájaros de la famosa carroza de Achim von Arnim que viajaba entre Brake y Bruselas, entre ellos la cautivante hechicera gitana que sólo es en realidad una vieja bruja, el parásito, que es un cadáver; el espectro, que se porta como una mujer fascinadora, y el mariscal Cornelio Nepote, que es un brote de mandrágora crecida bajo la horca. La comparación parece blasfema; y, con todo, los solemnes personajes de *Parsifal* tienen el mismo sabor de extravagancia romántica, surgen de la misma escuela de gusto que la poco recomendable cuadrilla de von Arnim, aunque el hecho sería más obvio si la forma literaria perteneciera a la ficción en vez del drama. Tal como se presentan las cosas, la música lo oculta a la vista en la santificación y la mitología, es el poder de la música sobre las emociones lo que da al conjunto la apariencia, no de una incongruencia semi-burlesca y semi-enigmática de la escuela romántica, sino de un milagro dramático de la más alta significación religiosa.

La juventud es típicamente susceptible a este esquivo problema del arte y la esencia del artista, tiene una comprensión melancólica del irónico juego mutuo de naturaleza y efecto: en este sentido, recuerdo muchas expresiones de mi propia juventud, características de la pasión de Wagner que ha pasado por el fuego de la crítica nietzscheana, dictada por esa "aversión al conocimiento", que es la primera y más característica lección que aprende allí el joven. Nietzsche dijo que no tocaría la partitura del Tristán ni con tenazas. "¿Quién se atrevería a proferir la palabra, la palabra –exclama exacta,– que corresponde a los *ardeurs* de la música del *Tristán*?" Me siento más predispuesto a afrontar el aspecto más bien cómico y propio de una vieja solterona de esta interrogante, de lo que lo estuve a los veinticinco años de edad. Porque... ¿qué tiene de aventurado esa interrogante? Sensualidad, una enorme sensualidad, que llega a lo mítico, a lo espiritualizado, a lo pintado con el máximo de naturalismo, una sensualidad inextinguible con ninguna clase de satisfacción... esa es la "palabra". Y uno se pregunta de dónde proviene la violenta amargura contra el sexo que se expresa en semejante acusación psicológica en la pregunta de Nietzsche, el "espíritu libre, muy libre". ¿No es este Nietzsche el archimoralista e hijo de clérigo? ¿Y qué ha sido de su papel de defensor de la vida contra la moral? Aplica al Tristán la fórmula de los místicos: el voluptuoso placer del infierno (*Wollust der Hölle*). Bien. Y basta con comparar el misticismo del *Tristán* con el del "bendito anhelo" de Goethe y su "más alto apareamiento" para advertir lo poco que somos en la esfera goethiana. Pero el propio Nietzsche, después de todo, no es peor ejemplo que Wagner del hecho de que el estado espiritual del mundo occidental durante el siglo diecinueve ha empeorado si se lo compara con la época de Goethe. Y en cuanto a los latigazos hasta el paroxismo o el narcotizamiento hasta la calma que están entre los efectos de Wagner... también el océano puede exhibir esto y nadie piensa en arrastrar su psicología a la luz del día. Lo que se le permite a un gran temperamento debe permitírsele a un gran arte: cuando Baudelaire, en ingenuo éxtasis artístico, y sin prejuicios morales en absoluto, habla del "éxtasis de la bienaventuranza y de la comprensión" que le causa la obertura de *Lohengrin* y delira con la "embriaguez del opio", con el "deseo que en encumbrados lugares ronda", muestra mucho mayor valor y libertad intelectual que Nietzsche con su sospechosa cautela. Aunque, después de todo, la frase en que Nietzsche califica a la moda wagneriana de "leve epidemia inconsciente de sensualidad" tiene con todo su justificación y es precisamente la palabra "inconsciente" la que, en vista de la popularidad romántica de Wagner, puede irritar a quienes sienten la necesidad de pensar con claridad y también puede ser un motivo para "preferir no estar allí".

El poder de Wagner de concentrar lo intelectual y lo popular en una figura dramática única tiene su mejor expresión en el héroe de su fase revolucionaria: Sigfrido. El "deleite sin aliento" con que el futuro director del teatro de Bayreuth presenció cierto día una función de títeres –habla de ello en su ensayo sobre "Los actores y los cantantes"– dio fruto concreto en la escenificación de *El Anillo de los Nibelungos,* que es un entretenimiento popular adecuado con el tipo exacto de héroe emprendedor. ¿Quién no reconocería en él al hombrecito que hace restallar el látigo en la feria del distrito? Pero, al mismo tiempo, es un mito del sol y un dios de la luz del Norte... lo cual no le impide ser también algo moderno, surgido del siglo diecinueve, el hombre libre, el violador de mandamientos y renovador de una sociedad caída: en una palabra, Bakunin, como lo llama sencillamente Bernard Shaw, con jovial racionalismo. Sí, es un payaso, un dios-sol y un revolucionario social anarquista, todo en uno. ¿Qué más puede pedir el teatro? Y este arte de combinación es simplemente una expresión del propio temperamento heterogéneo y múltiple de Wagner. No es músico ni poeta, sino la tercera categoría, en que están fundidos los otros dos de una manera desconocida hasta entonces: es un Dionisio teatral, que conoce la forma de tomar métodos de expresión sin precedentes y darles una base poética, hasta cierto punto para racionalizarlos. Pero, en tanto en cuanto es poeta, no lo es dentro de un espíritu moderno, literario y refinado, no lo es en una forma pensante y consciente, sino de una manera mucho más profunda y devota. Es el alma popular quien habla en él y por medio de él: se trata sólo de su instrumento y vocero, de un "ventrílocuo" de Dios, para repetir la buena broma de Nietzsche. Al menos, es ésta la teoría correcta y aceptada de su posición artística y la misma es apoyada por una suerte de pesada torpeza que su obra traiciona cuando se la considera literatura. Y, con todo, Wagner es capaz de escribir: "No debemos subestimar la fuerza de la reflexión: la obra de arte producida inconscientemente pertenece a períodos muy lejanos de los nuestros y el producto del arte del más cultivado de los períodos no puede ser producido de otra manera que con plena conciencia". Este es un puñetazo entre los ojos para la teoría que atribuiría un origen totalmente mítico a las obras de Wagner; y, sin duda, aun cuando éstas ostentan en parte a todas luces los rastros de la inspiración, del éxtasis ciego y bienaventurado, hay tantas otras cosas, tanta habilidad, ingenio, relación directa, efecto calculado, tanta habilidad de enano que acompaña los trabajos de los dioses y gigantes, que resulta imposible creer en el trance y en el misterio. La extraordinaria comprensión puesta de manifiesto en sus trabajos literarios abstractos, no está sin duda al servicio del espíritu, de la verdad, del conocimiento abstracto, sino que actúa en beneficio de su obra, que se preocupa de explicar y justificar, cuyo camino intenta allanar, tanto dentro como fuera. Pero no por eso ello deja de ser un hecho. Y queda la posibilidad de que, en el acto de la creación, Wagner quedase totalmente apartado para hacerle lugar a las exigencias del alma popular. Pero mi impresión sobre la improbabilidad de esto es fortalecida por varias manifestaciones más o menos confirmadas de los que lo conocieron, en el sentido de que, según propia confesión, algunas de sus mejores obras fueron producidas a fuerza de simple y tenaz pensar. "¡Cómo he pensado una y otra vez –se cuenta que dijo Wagner– pensando y vuelto a pensar, hasta que he obtenido finalmente lo que quería!"

En suma, la calidad de autor y de creador de Wagner está en contacto con ambas esferas: la que se halla "distante de las nuestras", así como la otra donde el cerebro se transformó desde hace mucho tiempo en la moderna herramienta intelectual que conocemos. Y de ahí la indisoluble mezcla de lo demoníaco y lo burgués que es su esencia. Algo muy parecido puede decirse de Schopenhauer, que tiene el más estrecho de los parentescos con Wagner, tanto en edad como en temperamento. La extravagancia antiburguesa de su idiosincrasia, que el propio Wagner le achacaba a la música ("hace de mí un hombre puramente exclamativo –dice– el signo de exclamación es la única puntuación que me resulta satisfactoria cuando dejo mis notas"), esta extravagancia halla expresión en el exagerado carácter de todos sus estados de ánimo, particularmente el depresivo. Esto surge a la luz en los extraños destinos de su vida exterior –no siendo el destino otra cosa que la revelación del carácter– su posición equívoca frente al mundo, su existencia acosada, desgarrada, destruida, al margen de la ley: la pone en boca del Siegmund de su *Wehwalt*:

"Al acercarme a hombres o mujeres,
A muchos conocí donde los encontré,
Si un amigo o una mujer pretendí
Siempre, con todo, fui despreciado
Y cayeron maldiciones sobre mí.

Lo que siempre llamé justo,

A ellos, sin embargo, les pareció injusto:

Lo que a mí me pareció mal,

Otros lo consideraron bien.

Topé con enemistad, dondequiera fui:

Donde me hallé, me saludó el desdén:

Al ansiar bienaventuranza, encontré el infortunio".

Cada palabra brota de la experiencia: no hay una sola que no haya sido acuñada por su propia vida; en esos hermosos versos, nada hay que Wagner no le haya escrito en prosa a Matilde Wesendonk: "Desde que el mundo, tan seriamente, no me quiere"; o al marido de Matilde: "Soy de tan difícil adaptación a este mundo que siempre son probables mil malentendidos. Esto es mi gran infortunio... el mundo y yo nos damos topetazos y el cráneo más fino es el que se rompe... nada tiene de asombroso el que yo tenga jaquecas nerviosas". El angustiado humor de estas palabras está muy en su lugar. En cierta ocasión, próximo a su cuadragésimo octavo cumpleaños, habla del "extravagante estado de ánimo" que lo poseyó en Weimar: éste encantó a todos, pero tenía por único origen la circunstancia de que Wagner no se atrevía a ponerse serio, no se atrevía en absoluto a estarlo por temor a derrumbarse. "Esto es un defecto de mi temperamento y empeora cada vez más. Lucho contra él, porque me parece a veces que terminaré por destruirme a fuerza de lágrimas". ¡Qué lujosa debilidad! ¡Qué excentricidad propia de un Kreisler director de coros! Todos estos apasionados altibajos, todo este frenético y trágico sentimentalismo, reducido a sus más puros elementos, desventurado y víctima de la execración pero ansioso de paz y descanso, han sido concentrados por Wagner en la figura del Holandés Errante: viven y centellean con los colores de la propia angustia de Wagner y los grandes intervalos en que se pasea la partitura de este papel están bien calculados para crear esta impresión de salvaje agitación.

No. Esto no es burgués, al menos en el sentido de ser adaptable o conformable a reglas. Y, con todo, posee a su alrededor la atmósfera del siglo, como la tiene Schopenhauer, el filósofo capitalista: el pesimismo moral, la sensación de decadencia impresa a la música, esto es auténtico siglo diecinueve y concuerda con su tendencia a lo monumental, con su pasión por el tamaño, como si el tamaño fuese una cualidad de la moral. Wagner posee, digo, la atmósfera de lo burgués y no sólo en su sentido general, sino en un sentido mucho más personal. No insistiré en que era un revolucionario del 48, un luchador por la clase media y por lo tanto un ciudadano político. Porque sólo lo era a su manera, en su forma característica, como artista y en interés de su arte, que era revolucionario y podía esperar ventajas imaginadas, mejores condiciones y más efectividad de un vuelco del orden imperante. Pero hay rasgos de carácter más íntimos –pese a su genio e inspiración– que sugieren claramente la actitud burguesa. Como cuando Wagner se trasladó a aquel refugio de la Colina Verde cerca de Zürich y en pleno goce de su sentimiento de bienestar le escribió a Liszt: "Todo está arreglado para la permanencia y la comodidad y en la forma exacta que uno lo desearía: todo está precisamente en el lugar exacto. *Mi estudio tiene el mismo aspecto fastidioso de confort y elegancia que le es familiar a usted*: el escritorio se halla junto a la ventana grande..." El fastidioso orden y asimismo la elegancia burguesa que Wagner le exige a todo lo que lo rodea corresponden al elemento de hábil y calculada laboriosidad que acompaña a la inspiración en su trabajo y le proporciona su sabor burgués. La última autodramatización de Wagner como *Deutscher Meister* con el gorro negro de terciopelo tiene su buena justificación interior y natural: pese a todas las manifestaciones volcánicas, habría sido un error pasar por alto el antiguo elemento alemán, el artesano leal, trabajador e ingenioso, que le es igualmente esencial. Wagner le escribe a Otto Wesendonk: "Permítame que le exponga brevemente el estado de mi obra. Cuando la comencé, abandoné la esperanza de poder llevarla a término en breve tiempo... En parte, porque estaba tan agobiado de preocupaciones y trastornos de toda clase que me sentía a menudo incapaz de producir; pero, en parte, también, porque no tardé en descubrir mi especial relación con mi obra actual (cosa que ahora, simplemente, no puedo hacer de prisa, pero en lo cual puedo encontrar placer tan sólo porque le debo buenas ideas que acuden a mí hasta en los menores detalles y elaborarlas en consecuencia). Veo esto en forma tan clara e inmutable que me siento obligado a abandonar toda labor precipitada o incompleta, ya que sólo eso me permitiría terminar con el tiempo". Esta es la "probidad y buena fe" que Schopenhauer heredó de sus antepasados comerciantes y que afirmó haber transportado a los dominios del pensamiento. Implica una auténtica, concienzuda y precisa labor y se revela en las partituras: éstas constituyen un trabajo pulcro, cuidadoso, con nada de desaliño. Hasta un fruto de apasionamiento como el *Tristán* es un modelo de caligrafía pulcra y concienzuda.

Pero no puede negarse que el gusto de Wagner por la elegancia burguesa tiene su aspecto degenerado: traiciona la tendencia a exhibir un carácter completamente distante del *Meister* alemán del siglo dieciséis con el gorro de Durero; es el mal siglo diecinueve, es burgués. Aparece allí el sabor de la moderna clase media (tan distinto del viejo espíritu cívico) inconfundible en su personalidad artística y humana; están todo ese lujo y esa extravagancia, esa seda y ese raso y la grandeza del "*Gründerzeit*": se trata naturalmente de un rasgo de su vida privada, pero las raíces llegan muy a lo hondo. Es el tiempo y el gusto del ramillete Makart con sus plumas de pavo real que acostumbraba a adornar los dorados y tapizados salones de la burguesía: se sabe que Wagner tuvo la idea de contratar a Makart para que le pintara los decorados escénicos. Wagner le escribe a Frau Ritter: "De un tiempo a esta parte, tengo otra manía por el lujo (*ein Narr am Luxus*): quienquiera supiese qué es lo que me sustituye eso, me consideraría muy modesto a no dudarlo. Todas las mañanas, me siento y trabajo en medio del lujo; es para mí de absoluta necesidad, porque un día sin trabajo es un tormento". Sería difícil decir cuál de ambas cosas es más burguesa, si el amor por el lujo o el tormento sentido un día sin trabajo. Pero es en este punto donde descubrimos al burgués que devuelve el golpe nuevamente a los desordenados e insípidos dominios del arte y asume un papel que, por morboso que sea, tiene en sí algo de digno y aun de emocionante: algo a lo cual es enteramente inaplicable la palabra "burgués". Entramos aquí en un terreno distinto en absoluto, el fantástico dominio del *estímulo*. Wagner se refiere a él, en forma contenida y con circunloquios, en una carta a Liszt. "Es realmente tan sólo con la más auténtica desesperación como vuelvo a ocuparme de mi arte. Si esto debe ocurrir, si debo renunciar una vez más a la realidad y sumergirme en ese mar de la fantasía, entonces, al menos, mi imaginación debe obtener ayuda y apoyo de alguna parte. No puedo vivir como un perro, no puedo dormir sobre paja y beber un mal *brandy*. Necesito que mi alma sea aliviada y halagada si quiero tener éxito en esta extenuante tarea de crear un mundo de la nada... Para encarar de nuevo el plan de *El Anillo* y afrontar su representación actual, debieron existir toda clase de factores coadyuvantes para darme la atmósfera necesaria de arte y de lujo. ¡*Yo tenía* que vivir mejor que en tiempos pasados!" Es bien conocido su "Narr am Luxus", la técnica que debía acudir en ayuda de su fantasía: las batas de seda bien forradas de algodón, los cobertores de raso ribeteados de encajes y bordados con guirnaldas de rosas, todo esto son las expresiones palpables de un gusto extravagante a raíz del cual contrajo deudas por millares. Así ataviado se pasa las mañanas sentado ante el extenuante trabajo, a fuerza de esas cosas consigue la "atmósfera de arte y de lujo" necesaria para la creación de los héroes nórdicos primitivos y del exaltado simbolismo natural, la concepción de su juvenil héroe rubio como el sol que hace saltar chispas de su yunque mientras forja la victoriosa espada, todo lo cual contribuye a hinchar el pecho de la juventud alemana con elevados sentimientos de gloria varonil.

En realidad, la contradicción carece de importancia. ¿Quién piensa en las manzanas podridas de Schiller –cuyo olor solía provocar el casi desvanecimiento de Goethe– como argumento contra la elevada sinceridad de sus obras? Las condiciones en que trabaja Wagner son superiores a las de Schiller y no costaría mucho imaginar indumentarias (por ejemplo, la de un soldado o un monje) más apropiadas que las batas de raso al severo servicio del arte. Pero, en ambos casos, tenemos que vérnoslas con la patología de un artista, inofensiva aún cuando un poco insólita: sólo los filisteos podrían ser llamados a error por la misma. Sin embargo, después de todo, hay cierta diferencia entre ambos. En toda la obra de Schiller, no hay vestigio alguno del olor a podredumbre que estimulaba a su cerebro; pero...

¿quién negaría que hay una sugestión de batas de raso en el arte de Wagner? Es cierto que el intencionado idealismo de Schiller se realiza en forma mucho más pura e inequívoca la influencia ejercida por sus obras que la actitud ética de Wagner en la de las suyas. Éste anhelaba con entusiasmo una reforma en un sentido cultural, estaba en contra del arte como lujo, en contra del lujo en el arte: quería la purificación y espiritualización del teatro operístico, que consideraba sinónimo de arte. Se refería con desdén a Rossini, llamándolo "el voluptuoso hijo de Italia, que sonríe desde el regazo sibarítico del lujo", calificaba a la ópera italiana de "hija de la alegría", a la ópera francesa de "coqueta de fría sonrisa". Pero esta actitud ética como artista, el odio y hostilidad que estas frases sugieren, no hallan muy feliz expresión ni en el sentido ni en el método de su propio arte, que obligó a la sociedad burguesa de toda Europa a inclinarse bajo su hechizo. ¿Qué fue lo que empujó a esos millares de personas a los brazos de su arte sino la cualidad dichosamente sensible, quemante, devoradora de los sentidos, embriagadora, acariciadora de manera hipnótica, tapizada con densidad... En una palabra, la cualidad lujosa de su música? La canción de los audaces solteros de Eichendorff, uno de los cuales derrocha su vida en perversos libertinajes, califica a la tentación de "ondas del desenfreno", de "brillante buche de las olas". Maravilloso. Nadie más que un romántico pudo calificar tan sugestivamente al pecado... y Wagner, en *Tannhaüser* y *Parsifal*, lo ha hecho. Y la orquesta de Wagner, ¿no es precisamente un "buche brilante" del cual, como el joven Fant de Eichendorff, uno despierta "cansado y viejo" ?

Si debemos, en parte, responder en forma afirmativa a semejantes preguntas, estamos obligados al propio tiempo a reconocer que tenemos entre manos lo que se llama una antinomia trágica, una de las complicadas contradicciones e incongruencias del temperamento de Wagner. Las hay en gran número y buena parte de ellas están vinculadas con la relación entre propósito y efecto en el arte; por ello, es sumamente importante destacar aquí la total y honrosa pureza e idealismo de la posición de Wagner como artista, a fin de obviar todos los posibles malentendidos motivados por el éxito de masas logrado por su arte. Todas las críticas, hasta las de Nietzsche, tienden a atribuir la eficacia del arte a una consciente y deliberada intención del artista y a sugerir un cálculo. Cosa totalmente falsa y errónea: ¡como si todo artista se engañara acerca de lo que es, de lo que le parece bueno y bello, como si pudiera haber alguna clase de artista para quien su eficacia fuese una farsa en vez de ser, como lo es siempre, un efecto producido antes que nada sobre él, sobre el artista mismo! La palabra "inocente" es quizás la que menos debiera aplicarse en el arte: pero el artista es inocente. Un éxito enorme, tal como el que "se proponía" el teatro musical de Wagner, jamás le había sido concedido antes al gran arte. Han pasado cincuenta años de la muerte del maestro y todas las noches esa música envuelve al mundo. Este arte del teatro, este arte de impresionar a las masas, posee elementos tales –imperialistas, sojuzgadores del mundo, despóticos, poderosamente agaçante, inflamables, demagógicos– como para deducir una ambición monstruosa, una voluntad de poder propia de un César, como la fuerza que ponen en movimiento. La verdad parece distinta. "Os diré esto –le escribe Wagner desde París a su amada–: Sólo la convicción de mi propia pureza me da esa fuerza. Me siento puro: sé en el fondo de mi alma que siempre he trabajado para los demás, nunca para mí; y mis constantes sufrimientos son la prueba de ello". Si esto no es cierto, es al menos tan sincero que el escepticismo se ve reducido al silencio. Wagner nada sabe de ambiciones. "De la grandeza, de la fama, de la conquista de las masas –le asegura a Liszt– nada pienso. ¿Ni siquiera de la conquista de las masas? Quizás, bajo la suave forma de la popularidad, como un ideal, como el sueño de un deseo, como la concepción romántica y democrática del arte y de los artistas, que tan vigorosa y magníficamente corporizan *Los Maestros Cantores*. Sí; la popularidad de Hans Sachs, contra la cual lucha en vano la escuela toda porque el pueblo lo adora... eso es el sueño de un deseo. En *Los Maestros Cantores*, hay un coquetear con el pueblo como árbitro final del arte, lo cual es lo opuesto a la posición aristocrática y altamente demostrativo del revolucionarismo democrático de Wagner en el arte, de la concepción de éste como un libre llamado al sentimiento del pueblo. ¡Qué contraste con el sentido clásico, cortesano y elegante del arte que se obtenía en la época cuando Voltaire escribía: "Quand la populace se mêle de raisonner, tout est perdu!". Y, sin embargo, cuando este artista lee a Plutarco, siente, a diferencia de Karl Moor, aversion a los "grandes hombres" y no querría ser uno de ellos en modo alguno. "Temperamentos pequeños y aborrecibles, violentos, codiciosos... porque nada tienen en sí y deben estar absorbiendo siempre de fuera. ¡Al diablo con vuestros grandes hombres! Estoy de acuerdo con Schopenhauer: ¡El que es digno de admiración no es el que conquista al mundo sino el que lo domina! ¡Líbreme Dios de esos Napoleones!" ¿Era él un conquistador del mundo o un dominador del mundo?

Y, en cuando a su "Selbst dann bin ich die Welt", con su tema y acento mundanamente erótico... ¿de cuál de ambos es la fórmula?

En cualquier caso, la inculpación de ambición en el sentido mundano corriente no es defendible, porque Wagner trabajó al principio sin esperanzas de resultados inmediatos, sin perspectiva alguna de obtener éstos bajo condiciones y circunstancias realmente existentes. Trabajó, por así decirlo, en el vacío de la fantasía, en procura de un escenario ideal imaginario, en cuya realización no podía pensarse por el momento. Ciertamente, no se habla de hábil cálculo ni de ambiciosa explotación de posibilidades en la carta que le escribe a Otto Wesendonk: "Porque veo lo siguiente: sólo soy enteramente quien soy cuando estoy creando. La representación de mis obras pertenece a un tiempo más puro... un tiempo que debo preparar al principio con mis sufrimientos. Mis amigos más íntimos sólo sienten asombro ante mis nuevos trabajos: ninguno que esté relacionado con nuestra vida artística oficial posee fuerzas para alentar esperanzas. Y tienen razón. Nada me demuestra mejor cuán adelantado estoy a todo lo que me rodea". La soledad del genio, su distanciamiento de la realidad, jamás ha sido presentada en forma más llamativa que en estas palabras. Pero nosotros...

nosotros los de la última década del siglo diecinueve y del primer tercio del veinte, los de la guerra mundial y del lento declinar del capitalismo, nosotros, en cuyos tiempos el arte de Wagner recorre los teatros del mundo civilizado y triunfa dondequiera en representaciones completas... ¿somos nosotros esos "tiempos más puros" que debió preparar Wagner con sus sufrimientos? ¿Es la humanidad de 1880 a 1933 la que debe probar la altura y bondad de un arte por medio del gigantesco éxito que le hemos concedido?

No lo preguntemos. Vemos ya cómo el genio de Wagner se prueba a sí mismo por el hecho de que procura acercarse al mundo, adaptarse al mundo... y no puede hacerlo. Una opereta cómica, una sátira al Tannhauser, un entretenimiento para él y su auditorio, la mejor buena voluntad de crear algo leve, y agradable... resulta *Los Maestros Cantores*. Luego, algo italiano, melodioso, lírico y cantable, de pequeño reparto, fácil de representar, muy sencillo... y el resultado es el *Tristán*. Uno no puede hacerse más pequeño de lo que es: uno hace lo que es, y el arte es la verdad... la verdad sobre el artista.

En efecto. La vasta eficacia universal de este arte tuvo, desde el punto de vista original y personal, fuentes muy puras y espirituales. Esto se debió, en primer término, a su propio plano de elevación, donde lo que más se desdeña es el efecto, el "efecto sin causa". Y, luego, porque todos los elementos imperiales, demagógicos y eficaces sobre las masas deben ser concebidos en un sentido completamente ultrapráctico e ideal, como concernientes a condiciones demasiado revolucionarias aun en general para ser logradas. En particular, entra aquí en juego la inocencia del artista, en que la voluntad de despertar entusiasmo se expresa, poderosamente instrumentada, en un llamado nacional, que celebra y glorifica el espíritu nacional, como ocurre en forma muy abierta en *Lohengrin* en "La espada alemana" del Rey Enrique y en *Los Maestros Cantores* en los sinceros labios del buen Hans Sachs. Es por completo inadmisible atribuir a las actividades y palabras nacionalistas de Wagner el sentido que tendrían hoy. Esto significaría falsificarlas y estropearlas, manchar su romántica pureza.

La idea nacional, cuando Wagner la introdujo como tema familiar y laborable en sus obras –esto es, antes de tener vida– se hallaba en su época heroica, históricamente legítima. Tenía su buen período, su período vivo y auténtico: era poesía e intelecto, un valor futuro. Pero cuando los violoncelos rubrican de manera estruendosa en el foso el verso relativo a "La espada alemana" o la pepita y final de *Los Maestros Cantores*:

"Aunque el Sacro Imperio Romano se hunda en el polvo
Sobrevive aún nuestro sagrado arte alemán".

a fin de suscitar una emoción patriótica ulterior, eso es demagogia. Son precisamente esos versos –que ya aparecieron al final del primer bosquejo, fechado en Marienbad, en 1845– los que atestiguan el carácter intelectual del nacionalismo de Wagner y su alejamiento de la esfera política: los mismos revelan una total indiferencia anarquista ante el Estado con tal de que sobreviva lo espiritualmente alemán, el "*Deutsche Kunst*". Aun así, Wagner no pensaba en el arte alemán, sino más bien en su teatro musical, que está lejos de ser tan sólo alemán, habiéndose asimilado no sólo a Weber, Marschner y Lortzing, sino también a Spontini y a la gran ópera... pero esto ya es otra cosa. En el fondo, quizás Wagner pensara, como el más grande de todos los no-patriotas, Goethe: "¿Qué quieren los alemanes? ¿No me tienen a mí?"

Durante todo el transcurso de su vida, Richard Wagner soñó con un público ideal para su arte, en el sentido de una sociedad sin clases, fundada sobre el amor, liberada del lujo y de la maldición del oro: de modo que, como político, era más bien socialista, un creyente en una utopía cultural, que un patriota en el sentido del Estado todopoderoso. Su corazón estaba junto a los pobres contra los ricos. Su participación en el 48 le costó doce años de tortura y destierro; más tarde, arrepentido de su "abandonado" optimismo frente al *fait accompli* del imperio de Bismarck, redujo al mínimo su participación en aquel movimiento y lo identificó lo mejor posible con la realización de su sueño. Siguió el camino de la burguesía alemana: de la revolución a la desilusión, al pesimismo y a una protegida y contemplativa resignación. Y, sin embargo, hallamos en sus escritos esta opinión... en cierto sentido, una opinión muy poco alemana: "¡Quienquiera trate de apartarse de lo político, se torna estúpido!" Un espíritu tan vital y radical como el de Wagner debía tener conciencia naturalmente de la unidad del problema para la humanidad, de la inseparabilidad del espíritu y la política: no se aferraba a la ilusión de los ciudadanos alemanes de que se puede ser un hombre de cultura sin ser un hombre político... esa locura a que Alemania debe su infortunio. Su actitud frente a la madre patria, desde la fundación del imperio hasta su propia radicación en Bayreuth, fue siempre la del solitario mal interpretado, rechazado, saturado de desdén y de críticas. "¡Oh! ¡Cuán lleno de entusiasmo me siento por la liga alemana de la nación germánica! –escribe desde Lucerna en 1859– ¡No permita Dios que ese réprobo de Luis Napoleón pueda poner las manos sobre mi querida liga alemana...! Me trastornaría demasiado el que algo cambiara allí!". En el exilio, consumía a Wagner la nostalgia por Alemania: pero el regreso sólo le trajo un amargo desengaño. "¡Es un país despreciable –exclama– y es un juicio muy justo el que afirma que los alemanes son de espíritu mezquino!" Pero obsérvese esto: estos desfavorables comentarios se refieren sólo a la falta de disposición alemana a aceptar su obra: su inquina es completamente infantil y personal. Alemania es buena o mala según que tenga fe en él o se la niegue. Hasta en 1875, Wagner responde a una halagüeña observación de que el público alemán se ha rendido a él en una escala sin precedentes con este amargo comentario: "¡Oh, sí! ¡El sultán y el jedive han comprado localidades de preferencia!"

Es un honor para su corazón de artista el que pueda contemplar al propio tiempo la realización de sus deseos alemanes con la fundación del imperio por Bismarck, el nuevo imperio para el cual Nietzsche no pudiera hallar suficientes palabras de apasionada abominación, el que pueda y logre hallar en él la tierra adecuada para sus trabajos culturales. La –pequeña

Alemania– resurrección del imperio alemán, un fenómeno de abrumador éxito histórico, fortaleció en Wagner, según dice su amigo Heckel, su fe en el desarrollo de un arte y una cultura alemanas, en otros términos, en la posibilidad de que su contribución artística, la ópera purificada y perfeccionada, pudiera realizarse. Fue su esperanza la que dio nacimiento al *Kaisermarsch* y al poema al ejército alemán ante París, que sólo revelan que sin música Wagner no es poeta: así como la *Capitulation*, una sátira a París durante su tormento de 1871, de increíble mal gusto, que significa en todo sentido una traición al yo más elevado de Wagner. Pero, por encima de todo, su esperanza dio nacimiento a su manifiesto *Sobre la Representación del Drama de Festival "El Anillo de los Nibelungos"*, al cual sólo recibió una respuesta, la de su amigo Heckel, el negociante en pianos de Mannheim. La oposición a los planes y pretensiones de Wagner, el temor a tomar partido por él, seguían siendo muy intensos: pero la fundación del imperio coincidió con la fundación de la primera Sociedad Wagneriana y la emisión de tarjetas de abono para las representaciones de los dramas del festival. La organización, llena de compromisos como siempre, la realización, estaban empezando. Wagner era un político lo bastante bueno para ligar sus negocios con el imperio de Bismarck: veía en él una proeza de éxito incomparable y unció su propia fortuna a su carroza. La hegemonía europea de su arte se ha convertido en el equivalente cultural de la hegemonía política de Bismarck. El gran estadista con cuyos trabajos desposó así los suyos propios no los comprendía en absoluto: nunca lo preocuparon, consideraba a Wagner un maniático. Pero el viejo Kaiser los comprendía mejor –fue a Bayreuth– que no y dijo: "¡Nunca creí que usted pudiera presentarlas!" Las obras de Wagner fueron consideradas desde entonces un asunto de interés nacional, algo bajo la protección oficial del imperio y han quedado más o menos ligadas con el rojo, blanco y negro de su bandera, por poco que tuvieran de común en lo más hondo de su esencia y en la cualidad de su germanismo con todos los imperios o cualquier imperio basados en la fuerza y la guerra.

Cuando estudiamos las complicaciones e inconsecuencias del contradictorio temperamento de Wagner, no debemos dejar a un lado la grandiosa combinación y entrelazamiento del germanismo y del cosmopolitismo: esto es parte de su ser, caracterizándolo en la forma más novedosa y sugestiva. Siempre ha existido y sigue existiendo hoy un arte alemán de alta jerarquía –me refiero en particular al terreno literario– que corresponde en forma tan completa a una Alemania tranquila y hogareña, que es tan característica e íntimamente alemán, que es capaz –bien que en un sentido muy alto– de ejercer influencia y honrarnos sólo dentro de nuestras fronteras, renunciando por completo a toda pretensión a un público europeo. Es este un destino como cualquier otro, nada tiene que ver con los valores. Hay mucho material de menor significación, los lugares comunes del día, que cruza fácilmente las fronteras y es comprendido dondequiera gracias a su misma naturaleza. Pero otras obras, iguales en jerarquía y en valor a los productos exclusivamente internos, pueden resultar ungidas con la gota del óleo europeo y democrático que les abre el mundo y les asegura vigencia internacional.

Las obras de Wagner son de este género, aunque tratándose de él no se puede hablar de una gota de óleo, ya que se trata de un verdadero reguero. Su germanismo es profundo, poderoso, indiscutible. El nacimiento del drama del seno de la música, tal como se consumó en forma pura y encantadora, una vez por lo menos, en la culminación de las facultades creadoras de Wagner, en el *Tristán*, sólo podía surgir de la vida alemana: y podemos calificar de alemán en el más alto sentido de la palabra su tremendo llamado a los sentidos, sus tendencias mitológicas y metafísicas, y por encima de todo, su profundamente seria conciencia de sí mismo como arte, la alta y solemne concepción del arte del teatro, de que está colmado y con el cual se comunica. Pero en y con todo eso, tiene una austeridad y deleitabilidad superiores a todo el arte alemán de esta alta jerarquía y permaneceré dentro del perímetro del círculo de pensamientos elegido por su creador si retrocedo con mis razonamientos de la manifestación práctica a la voluntad que la informa. *Richard Wagner como fenómeno cultural*, un libro de autor no alemán, del sueco Wilhelm Peterson-Berger, es muy fino y valioso a este respecto. El escritor habla del nacionalismo de Wagner, de su arte como arte nacional y observa que la música popular alemana es el único terreno no comprendido en la síntesis wagneriana. En *Los Maestros Cantores* y en *Sigfrido*, Wagner podrá, con fines de caracterización, tocar la cuerda popular; pero no se trata de la nota fundamental ni del punto de partida de su tono poético, del cual éste brote espontáneamente, como ocurre con Schubert, Schumann y Brahms. Debe distinguirse entre el arte popular y el arte nacional: el primero tiene un propósito interno; el otro uno externo. La música de Wagner es más nacional que del pueblo. Tiene, a no dudarlo, muchos rasgos que los extranjeros consideran alemanes; pero posee, según el autor mencionado, un inconfundible acento cosmopolita.

Me parece que este análisis del germanismo de Wagner está muy sutilmente sentido y expresado. Sí, Wagner es alemán, es nacional en el más ejemplar, quizás demasiado ejemplar de los sentidos. Porque además de ser una volcánica revelación del temperamento alemán, su obra es asimismo una imagen dramática del mismo, una imagen cuyo intelectualismo y eficacia son positivamente grotescos, positivamente burlescos, que parece calculada para impulsar a un público mundial a un grito ansioso y palpitante de: "*Ah, ça c'est bien allemand, par exemple!*" Y bien... Este germanismo, con ser auténtico y poderoso, es muy moderno, está destruido y desintegrado, es decorativo, analítico, intelectual, y de ahí su fascinación, su innata capacidad para lo cosmopolita, para la eficacia universal. El arte de Wagner es el autorretrato y la autocrítica más sensacionales del temperamento alemán que sea posible concebir: está calculado exprofeso para hacerle interesante Alemania a un extranjero aun de mediana inteligencia y la apasionada preocupación por ese arte es al propio tiempo una apasionada preocupación por el temperamento alemán que critica y ensalza en forma tan decorativa. En esto consiste su nacionalismo; pero se trata de un nacionalismo tan saturado de las corrientes del arte europeo que desafía toda tentativa de simplificarlo o de disminuirlo.

"Servirá usted la causa de un hombre a quien el futuro aclamará como el más grande entre los grandes". Charles Baudelaire le escribió esta frase en 1849 a un joven alemán, crítico musical y entusiasta de Wagner. La profecía, asombrosa por su tono de seguridad, surge de un apasionado amor, de una pasión electiva; y la sagacidad crítica de Federico Nietzsche es revelada por el hecho de que descubrió esta afinidad sin tener conocimientos de su expresión: "Baudelaire –dice en los estudios para el *Fall Wagner*– fue en otro tiempo el primer profeta y defensor de Delacroix: quizás pueda ser hoy el primer wagneriano de París". Recién años más tarde leyó Nietzsche la carta en que Wagner le daba las gracias al poeta francés por su homenaje... y se sintió alborozado. Sí, Baudelaire, el primer admirador de Delacroix, ese Wagner de la pintura, fue realmente el primer wagneriano de París y uno de los primeros wagnerianos auténticos, apasionados y verdaderamente comprensivos. Su artículo sobre *Tannhäuser*, escrito en 1851, fue la declaración decisiva sobre Wagner y que abrió el camino para su música; históricamente, sigue siendo la más importante. La alegría que le proporcionaba la música de Wagner, la alegría de reencontrarse en las concepciones artísticas de otro, sólo había sido experimentada por él en un caso anterior, el de su encuentro literario con Edgar Alian Poe. Ambos, Wagner y Poe, son los dioses de Baudelaire. ¡Singular yuxtaposición para los oídos alemanes! Esto proyecta de inmediato nueva luz sobre el arte de Wagner, sugiere relaciones con que no nos han familiarizado nuestros comentaristas patrióticos. Descubre todo un mundo de color y de fantasía, enamorado de la muerte y la belleza, el mundo occidental de un elevado y tardío romanticismo, un mundo pesimista, adepto de las drogas extrañas y de los refinamientos de los sentidos, fanáticamente adicto a toda suerte de especulaciones y combinaciones ascéticas, sumergido en los sueños hoffmanianos y kreislerianos de la correspondencia y relación íntima entre los colores, sonidos y olores, de las transformaciones místicas de los sentidos confundidos... Es en este mundo donde debemos ver a Richard Wagner: como el hermano y camarada más glorioso de todas las víctimas de la vida, de los entregados a la piedad, buscadores del éxtasis, simbolistas de mixturas de arte, adoradores de "l'art suggestif", cuya necesidad estriba en "d'aller au delà, plus outre que l'humanité", para citar a Maurice Barrés, el último converso al culto, amante de

Venecia, la ciudad de *Tristán*, el poeta de la sangre, el deseo y la muerte, nacionalista en última instancia y wagneriano desde el principio hasta el fin.

"Sind es Wellen / sanfter Lüfte?
Sind es Wogen / wonniger Düfte?
Wie sie schwellen / mich umrauschen,
soll ich atmen, / soll ich lauschen?
Soll ich schlürfen, / untertauchen,
sus in Düften / mich verhauchen?
In des Wonnemeeres / wogendem Schwall,
in der Duftwellen / tônendem Schall,
in des Weltatems / wehendem All-
ertrinken- / versinken-
unbewusst- / höchste Lust!".

¿Serán embates de brisas suaves?
¿Serán efluvios de dulces aromas?
iCómo acrecen y me envuelven!
¿Debo aspirarlos? ¿o escuchar?
¿Debo embeberme? ¿o sumergirme?
¿He de hundirme en el mar de perfumes?
¿ He de perecer, expirar
En el océano de olas perfumadas,
En el soplo sonoro del Cosmos?...

¡Inconsciente!...
¡Oh, delicia suprema!

Esta es la última y más alta palabra del mundo a que me refiero, su corona y triunfo, pletórica y saturada de su espíritu, y fueron Wagner y el Nietzsche de los primeros tiempos quienes convencionalizaron el arte europeo y místico-sensual de aquél convirtiéndolo en algo no demasiado imposible para la cultura alemana y vinculado con los mojones de la tragedia, Eurípides, Shakespeare, Beethoven. Más tarde, Nietzsche lamentó su acto, sintiéndose irritado por cierta falta de claridad alemana en materia psicológica; subrayó generalmente los rasgos europeos de
Wagner y exhibió su desdén por su maestría germana. Actitud errónea. Para Wagner, su germanismo era fuerte y auténtico. Y, por su propio temperamento, estaba predeterminado con antelación que el romántico lograría su culminación y su éxito universal en Alemania y bajo la forma de *Los Maestros Cantores*.

Una última palabra sobre la relación de Wagner con el pasado y el futuro. Porque también aquí existe una dualidad, un entrelazamiento de contradicciones aparentes análogo a la antítesis de germanismo y europeísmo que acabo de analizar. Hay en Wagner rasgos reaccionarios, huellas de reversión y culto al sombrío pasado. Podemos interpretar en ese sentido su amor por lo místico y lo mitológico, el nacionalismo protestante de *Los Maestros Cantores* así como el espíritu católico de *Parsifal*, su predilección general por la Edad Media, por la vida de los caballeros y los príncipes, por los milagros y la fe fervorosa. Y, con todo, mi modo de sentir frente a este fenómeno artístico, tal como fue condicionado una y otra vez por la renovación, el cambio y la liberación, me prohíbe rigurosamente interpretar en forma literal su lenguaje y manera de expresión, en vez de tomarlo por lo que es, un idioma artístico de índole muy figurada, que es acompañado por algo en todo sentido distinto, revolucionario en absoluto. Este espíritu creador tempestuosamente progresista, tan cargado de vida pese a todo su abatimiento, a su vínculo con la muerte, este hombre que se deleitaba ante un destructor del mundo nacido del amor libre, este audaz precursor musical que en *Tristán* pisa ya con un pie el terreno atonal –¡hoy lo llamaríamos probablemente un bolchevique de la cultura!– este hombre del pueblo, que durante toda su vida y con toda su alma repudió a la fuerza y al dinero, a la violencia y a la guerra, cuyo teatro soñado –hayan hecho de él los tiempos lo que fuere– era el correspondiente a una comunidad sin clases, un hombre semejante no puede ser reclamado como afín por ningún espíritu retrógrado: le pertenece a esa voluntad que se dirige siempre hacia el futuro.

Pero es ocioso evocar a los grandes hombres de la eternidad hacia nuestro presente para preguntarles sus opiniones sobre asuntos formulados de manera distinta en su tiempo y que por lo tanto son extraños a su espíritu. ¿Qué actitud asumiría Richard Wagner frente a nuestros problemas, nuestras necesidades y las tareas que debemos afrontar? Este "asumiría" suena a hueco; esta actitud es inconcebible. Las opiniones son de importancia secundaria, hasta en su propio presente. ¡Cuanto más habiéndose convertido en pasado! Lo que queda es el hombre y su obra, el producto de sus esfuerzos. Contentémonos con reverenciar la obra de Wagner como un poderoso y múltiple fenómeno de la cultura alemana y occidental, que constituirá siempre el más profundo de los estímulos para el arte y el conocimiento.

Trad. León Mirlas.

THOMAS MANN
(Lübeck, 1875 - Zúrich, 1955)
retratado en 1929